KB210019

상가보다 쉽고
아파트보다 효과적인

소액토지
투자지도

세상에 땅 없는 부자는 없다!

상가보다 쉽고 아파트보다 효과적인

소액 토지 투자지도

안영태(투데이리치) 지음

기초 개념부터 물건 분석, 거래 노하우까지
사면 오르는 소액 땅 투자의 모든 것

원앤원북스

● 서론 ●
이 책이 당신의 터닝 포인트가 되기를

나는 어린 시절 항상 절약하며 가난하게 살았다. 무작정 돈을 아끼기 위해 고시원에서 살면서 점심 굶기를 밥 먹듯이 했고, 1천 원짜리 김밥으로 끼니를 때우기 일쑤였다. 어쩌다 김밥이 질리면 5천 원짜리 해장국을 시켜서 해장국만 먹고, 반찬은 따로 보관해 비빔밥을 만들어 끼니를 해결하곤 했다.

궁핍하고 힘든 시기였지만 그 시절이 없었다면 지금의 '나'는 없었을 것이다. 대학 진학을 포기하고 N잡을 뛰며 한 달 내내 쉼 없이 일해도 한 달 수입은 고작 월 200만 원 수준이었다. 그래도 원하는 삶과 꿈(목표)이 있기에 지치지 않고 달릴 수 있었다. 첫 번째 목표였던 내 집 마련을 23세 때 이루면서 목표는 점점 더 원대해졌다.

2019년은 내 집 마련에 성공한 지 10년이 되는 해다. 10년이면 강산도 변한다고 하지 않던가? 실제로 많은 것이 달라졌다. 주택 투자도 버겁던 내가 어린 나이에 상가와 토지 등에 투자하며 실전 경험과 감각을 익힌 것은 물론이거니와, 무엇보다 돈이 돈을 벌면서 시간을 버는 삶을 살게 된 것이다. 그리고 2025년에 이르러서는 '경제적 자유'에 한 걸음 가까워졌다.

참고로 나는 20대 중반 이후로 회사에 다녀본 적이 거의 없다. 부동산 투자를 전문적으로 하면서 시간과 경제적인 여유를 갖게 되었기 때문이다. 다른 사람을 위해 조직에 들어가 시간을 할애할 필요가 전혀 없었기 때문에 온전히 나를 위해 시간을 투자하면서 살았다. 회사에 잠깐 다닌 이유는 돈을 벌기 위해서가 아닌, 배우고 싶은 분야가 있어서다. 부동산 개발을 공부하고 싶다는 갈망이 굉장히 컸고, 그래서 최근에 시행사에 취직해 2년간 일을 배운 경험이 있다.

많은 분이 갈수록 살기 팍팍한 세상이라고 토로한다. 돈과 현실에 치여 지치고 힘든 누군가의 모습을 볼 때면 마음이 정말 아프다. 그들에게 이 책을 통해 희망이 보이지 않을 때가 비로소 생각의 전환이 필요한 시기라고, 지금의 아픔을 인생의 터닝 포인트로 삼으라고 조언하고 싶다.

전작『월세 낼 돈이면 경매로 집 산다』에서 남과 다른 삶을 살게 된 계기와 경매 노하우에 대해 다뤘다면, 이번에는 소액 토지 투자로 부를 일군 방법과 노하우를 공유하고자 한다.

나는 부모에게 금전적 도움을 받은 적이 별로 없다. 20세 때부터 워낙 없이 시작했기 때문에 소액 투자로 차근차근 종잣돈을 불렸다. 그중 토지 투자에 대한 방법과 사례를 이 책에 담았다. 돈이 있어야 투자한다는 말은 반은 맞지만 반은 틀린 말이다. 돈보다도 중요한 것은 하고자 하는 의지와 열정이다. 그 열정이 당신의 삶을 변화시킬 것이라고 확신한다.

안영태(투데이리치)

차례

제2장
다양한 사례로 보는 소액 토지 투자 ①

제3장
다양한 사례로 보는 소액 토지 투자 ②

제4장
제대로 확인하고 투자하라

제5장
돈 되는 땅은 따로 있다

제6장
단타가 가능한 소액 토지

제1장

토지 투자에서
답을 찾다

"부동산 투자는 메리트 없는 물건을

가치 있는 상품으로 바꾸는 작업이다."

_도널드 트럼프

왜
토지인가?

　23세 때 내 집 마련을 계기로 나는 본격적으로 경매 투자의 세계로 뛰어들었다. 소위 '부린이'가 그러하듯이 주택 위주로 투자했는데, 경매를 통한 주택 투자는 단점과 한계가 명확했다. 주택 경매의 단점은 크게 4가지다. 첫째, 경쟁이 치열하다. 둘째, 경쟁이 치열한 만큼 낙찰가가 높아 수익이 낮다. 셋째, 감가상각이 존재한다. 들어가 살 집이 아니라면 임대를 줘야 하는데, 누수가 있거나 하자가 있으면 처리하고 관리하는 데 어려움이 있다. 넷째, 주택 투자로 다주택자가 되면 세금 면에서 불리하다.

주택 경매의 한계를 체감하고, 주택 투자보다는 경쟁이 덜 치열한 상가 투자를 시작하게 되었다. 상가 투자는 주택보다 확실히 경쟁이 덜하고 수익이 컸다. 주택과 달리 임차인이 시설 관리를 도맡아 하므로 크게 신경 쓸 필요가 없어서 좋았다. 월세 수준도 주택보다 높아서 그 또한 좋았다. 하지만 가장 큰 단점이 있었으니 그건 바로 '공실'이다. 상가의 경우 한 번 공실이 생기면 최소 수개월에서, 길게는 1년이 넘도록 임대가 안 나가는 경우가 있다.

공실이 길어지면 상가는 애물단지로 전락하고 만다. 관리비가 주택에 비해서 훨씬 높고, 각종 세금도 많이 나온다. 심지어 임대사업자로 등록해야 하다 보니 피부양자 자격이 박탈된다. 이 경우 직장이 없는 사람은 지역가입자로 건강보험료와 국민연금을 납부해야 해서 부담이 커진다. 무엇보다 대출 이자가 주택보다 높아서 레버리지에 대한 부담이 가중된다.

주택, 상가? 토지가 답이다

이러한 여러 단점 때문에 나는 '토지'로 눈을 돌렸다. 몇 차례 실전을 거치고, 토지 투자의 매력에 흠뻑 빠지고 말았다. 일단 수익 면에서 주

●○ 연도별 지가 변동률

연도	전국	서울	대도시	시	군
2000년	0.67	0.05	-0.09	1.49	1.73
2001년	1.32	1.89	1.36	1.53	0.49
2002년	8.98	15.81	10.79	7.84	3.20
2003년	3.43	5.23	3.71	3.53	1.43
2004년	3.86	4.09	3.13	4.85	3.94
2005년	4.99	6.56	5.36	4.68	4.17
2006년	5.62	9.17	7.10	4.03	3.93
2007년	3.89	5.88	4.76	3.25	1.84
2008년	-0.32	-1.00	-0.63	-0.02	-0.06
2009년	0.96	1.40	1.15	0.83	0.44
2010년	1.05	0.53	0.79	1.33	1.04
2011년	1.17	0.97	1.03	1.35	0.99
2012년	0.96	0.38	0.73	1.19	1.11
2013년	1.14	1.21	1.25	1.04	0.95
2014년	1.96	2.66	2.42	1.54	1.43
2015년	2.40	2.69	2.77	2.09	1.93
2016년	2.70	2.97	3.02	2.44	2.14
2017년	3.88	4.32	4.37	3.45	3.23
2018년	4.58	6.11	5.48	3.82	3.22
2019년	3.92	5.29	4.71	3.24	2.56
2020년	3.68	4.80	4.45	3.04	2.22
2021년	4.17	5.31	4.84	3.65	2.63

택, 상가와는 비교가 되지 않았다. 내가 체감한 수익의 크기는 다음과 같다.

토지>상가>주택

한국부동산원 자료에 따르면 토지 가격은 매년 꾸준히 우상향했음을 알 수 있다. 지역별로 차이가 있으나 크게 보면 2008년 글로벌 금융위기 이후에도 토지 시장은 침체기를 겪지 않고 꾸준히 상승했다. 지가 변동률을 보면 토지는 다른 부동산 상품에 비해 안정적이며, 시황에 따라 정체는 있어도 하락하는 경우는 극히 드물었다.

토지는 상가보다 경쟁이 덜하며, 경쟁이 적은 만큼 싸게 살 수 있어 수익이 훨씬 높다. 또 따로 임대 주는 것도 아니기 때문에 관리에 부담이 없다. 만일 누군가에게 꼭 필요한 환금성 좋은 물건을 잡으면 단기간에 몇 배의 차익을 남길 수 있고, 경기가 좋아지면 자연스럽게 땅값이 올라 더 큰 시세차익을 기대할 수 있다.

혹자는 토지는 임대를 주지 못하니 돈이 묶일 수 있다고 생각하지만 그렇지 않다. 경매로 낙찰받은 후 6개월에서 1년 뒤에 다시 재감정을 받으면 더 많은 대출을 일으킬 수 있고, 투자금을 모두 회수할 수 있다. 매월 대출 이자가 나가기는 하지만, 나는 이것을 손실이라고 생각하지 않고 적금을 든다고 생각했다. 왜냐하면 2년 보유 후 매각하면 이자를 상쇄하고도 남는 높은 시세차익을 얻을 수 있기 때문이다.

무엇보다 보유하는 동안 신경 쓸 필요가 없어서 좋다. 물론 신경 쓸 필요 없는 좋은 땅을 사기 위해서는 공부할 것이 많다. 이 책에서 후술할 소액 토지 투자 사례와 노하우가 공부에 큰 도움이 되리라고 본다. 참고로 이 책은 '토지 공법'에 대해서는 다루지 않기 때문에 그 부분에 대해 배우고 싶다면 공인중개사 공부를 권한다.

내가 운영하는 카페 회원들 중에도 경쟁이 치열한 주택 투자만 고집하다가 매번 패찰하기 일쑤인 경우가 있다. 매일 법원에 들락거리고, 매번 많은 경쟁자를 이기기 위해 높은 가격에 낙찰을 받으면 막상 매도에 성공해도 노력에 비해 남는 게 별로 없다. 초보 투자자가 흔히 겪는 일이다. 임대를 준다 해도 실투자금 대비 수익률이 최소 100%는 나와야 하는데, 그것에 미치지 못하는 경우가 허다하다.

최근에 낙찰된 사례를 참고해보자. 울산에 있는 아파트 매물인데 낙찰 시점에 네이버페이 부동산을 살펴보니 호가는 3억 3,500만 원이다. 낙찰가는 3억 120만 원으로 이것저것 따지고 보면 남는 게 별로 없다. 낙찰가의 80% 대출을 받으면 초기 투자금은 6,700만 원이다. 여기서 보증금 3천만 원과 월세 100만 원으로 임대를 주면 실투자금은 3,750만 원이다. 그런데 3억 3천만 원 정도에 매각을 하면 결과적으로 수익은 세전 2천만 원밖에 남지 않는다. 혹자는 2천만 원 수익도 크지 않느냐고 할 수 있지만 실투자금을 고려하면 만족할 만한 수익은

올산 아파트 경매 사례

아니다.

다른 최근 사례를 살펴보자. 이번에는 수도권인 수원의 아파트가 낙찰된 사례다. 감정가 5억 4,200만 원짜리인데 한 번 유찰되어 5억 1,200만 원에 낙찰되었다. 경쟁자가 10명이나 되어서 낙찰가가 높았다. 해당 아파트의 네이버페이 부동산 매물 호가를 확인하면 5억 3천만 원 정도다.

이 경우 낙찰가의 80% 대출을 받으면 초기 투자금은 1억 1,100만 원이다. 이후 보증금 3천만 원, 월세 100만 원에 임대를 주면 실투자금은 8,100만 원이다. 시세대로 5억 3천만 원에 매각을 한다면 세전 수익금은 900만 원밖에 되지 않는다. 1억 원 가까운 돈을 투자해서

2024 ▇▇ ▇▇▇▇	**수원지방법원 수원2계**	♡ 찜하기	☑ 메모	☑ 공유	🖨 인쇄	🖨 사진 인쇄	🗋 정보	🗋 오류신고
매각기일 ▇▇▇▇▇▇ ▇▇▇▇▇▇	담당계 (031) 210-1262							

소재지	경기 ▇▇▇▇▇▇▇ ▇▇▇▇▇▇▇▇ ▇▇▇▇▇▇▇▇▇		도로명 검색	
물건종류	아파트	사건접수	▇▇▇▇ ▇▇	경매구분	임의경매
건물면적	84.85㎡ (25.67평)	소유자	백OO	감정가	542,000,000원
대지권	62.3㎡ (18.85평)	채무자	백OO	최저가	(70%) 379,400,000원
매각물건	건물전부, 토지전부	채권자	한OOOOOOO	입찰보증금	(10%) 37,940,000원

입찰 진행 내용 입찰 당일

구분	입찰기일	최저매각가격	상태
1차	2024-10-22	542,000,000	유찰
2차	2024-11-22	379,400,000	낙찰

낙찰 512,100,000원 (94%)
(응찰 : 10명 / 낙찰자 : 정OOOO / 차순위 : 508,777,000)
매각결정기일 : 2024.11.29

물건 사진 사진 더 보기

수원 아파트 경매 사례

900만 원 수익이라니. 여기서 세금과 중개비 등을 빼면 남는 것은 거의 없다고 봐야 한다.

물론 실수요자 입장에서 일반 매매보다 경매로 조금이라도 싸게 산다면 괜찮을 수 있다. 하지만 투자자라면 굳이 경쟁률 높은 주택 경매에 뛰어들 이유는 없다. 내가 경매를 시작한 20여 년 전에도 그랬고, 앞으로도 그럴 것이다. 앞으로 후술할 토지 투자 사례들을 보면 투자금 대비 수익률은 최소 100%다.

당신은
안목이 있는가?

이성친구를 사귈 때, 흔히 잘 생기거나 예쁜 사람에게 호감을 갖고 사귀는 경우가 많다. 겉모습이 번지르르하면 누군들 마다하겠는가? 하지만 훌륭한 겉모습과 달리 속내가 전혀 딴판이라면 어떨까? 성격이 외모를 못 따라가는 사람과 연애를 하고 결혼까지 한다면 당신의 삶은 어떻게 되겠는가?

왜 이러한 말을 하냐면 투자를 할 때도 사람을 사귈 때와 마찬가지로 안목이 필요하기 때문이다. 외모는 별로지만 성격이 잘 맞고 현명한 사람을 만난다면 당신은 천군만마를 얻은 것과 같다. 투자도 이와 마찬가지다. 겉모습보다는 숨겨져 있는 가치를 찾는 안목이 있어야 한다. 그 안목을 갖출 수만 있다면 당신은 무조건 부자가 될 것이다. 내가 장담한다.

사례 하나, 조선시대 때 어떤 상인이 시장에서 아직 다듬어지지 않은 돌을 팔고 있었다. 많은 사람이 그냥 무심코 지나쳤다. 그때 누군가가 그 돌을 조금만 다듬으면 비싼 가치를 지닌 '옥(玉)'이 된다는 것을 알고 헐값에 사게 된다. 이후 돌을 다듬어 반짝이는 옥을 만들었고, 그것을 팔아 큰돈을 벌었다. 이처럼 똑같은 돌이라도 안목이 있는 누군가에겐 귀한 보물일 수 있다. 즉 아는 만큼 보이는 것이다.

사례 둘, 제주도 한림에 오래된 고구마 공장이 있었다. 내가 어린 시절부터 장시간 방치된 부지로, 어떤 젊은 분이 그곳의 가치를 알고 저렴하게 장기 임대를 받아서 분위기 있는 카페로 탈바꿈시켰다. 공장이라서 주차 부지가 넓고, 다른 곳과 차별화한 분위기를 조성해 많은 관광객에게 입소문이 났다. 누군가에게는 그냥 망한 공장 부지였지만, 누군가에게는 귀한 사업의 토대가 되었다. 고정비용(임대료)이 적으니 마진이 많이 남는 것은 당연지사다.

안목이 있는 사람과 없는 사람의 차이는 하늘과 땅일 수밖에 없다. 물론 안목이라는 것은 절대 단기간에 가질 수 있는 게 아니다. 처음에는 어떠한 대상에 관심을 두고, 관심사에 대한 정보를 관련 신문과 책에서 살펴보며 스크랩하고, 현장에서 발품을 팔아 경험을 쌓고, 마음 맞는 사람들과 만나 정보를 나누는 등 그렇게 하나씩 준비하며 공부하는 과정이 필요하다.

안목이 차이를 만든다

시간이 갈수록 경험은 축적될 것이고, 그러한 경험이 모이고 모여 안목의 토대가 된다. 안목이 생기면 '기회'라는 놈이 왔을 때 남보다 빠르게 잡을 수 있는 용기와 자신감이 생길 것이다.

예전에 미국의 유명한 TV 프로그램에서 그림을 그리는 남자를 본 적이 있다. 남자는 심사위원 앞에서 1분간 그림을 그렸는데, 제한시간이 3초밖에 남지 않았음에도 작품은 완성될 기미가 없었다. 그래서 관객들은 야유를 보냈는데, 3초 뒤에 모든 사람이 일어서서 기립박수를 치게 된다. 과연 어떻게 된 일일까? 제한시간이 지나고 그림을 거꾸로 돌렸더니 완성된 그림이 드러난 것이다. 완성된 그림은 심사위원의 얼굴이었다.

우리는 눈에 보이는 것만 믿으려고 하지 그 안에 숨어 있는 가치를 볼 줄 모른다. 진정한 투자자라면 눈에 보이는 것보다 그 안에 있는 가치를 볼 줄 알아야 한다. 만약 거꾸로 돌린 그림을 길거리에서 누군가가 판다고 가정해보자. 그림이 거꾸로 되어 있는 상태에서는 아무도 거들떠보지 않을 것이다. 하지만 진정한 투자자라면 이 그림의 가치를 알아볼 것이고, 충분히 가치 있다고 생각한다면 과감하게 투자할 것이다.

모두가 좋게 보는 물건은 그만큼 경쟁이 붙고 가격이 오르기 마련이다. 반대로 모두가 가치를 알아보지 못하는 물건은 경쟁이 없기 때문에 최대한 싸게 살 수 있다. 그러한 물건을 저렴하게 매수해 높은 가격에 팔면 되는 것이다.

지금은 하자가 있는 물건처럼 보여도 내재된 가치가 보인다면 과감하게 투자하는 것이 좋다. 그리고 그 하자를 해결해서 정상적인 물건으로, 다른 사람이 보기에 가치 있어 보이게 만든다면 큰 시세차익을 기대할 수 있다.

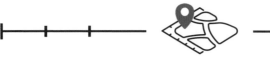

지방의회 회의록을
확인하라 ①

    고등학교를 졸업하고 낮에는 학원 수업을, 밤에는 개인 과외를 했던 시절의 일이다. 한 학생의 집에 처음 방문했던 때가 기억 난다. 4층짜리 오래된 빌라였는데, 외관이 허름해 집안이 조금 어려울 것이라고 예상했다. 그런데 현관문을 여는 순간 그러한 생각이 바뀌었다. 겉은 허름했지만 내부는 최고급 인테리어로 꾸며 웬만한 5성급 호텔 못지않았다. 그때 외견보다는 역시 내실이 더 중요하다는 사실을 깨달았다.

    그러던 어느 날, 과외를 마치고 집을 나서는데 학생 부모님께서 나에게 치킨을 먹고 가라며 권유했다. 처음에는 사양했지만 거듭된 권유에 거절하지 못했고, 그 자리에서 학생의 아버님과 처음 대면했다. 아버님은 프로 골프선수이자 부동산 투자자였는데, 당시에는 나도 부동산 투자에 대한 열정이 뜨거울 때라 실례를 무릅쓰고 조언을 구했다.

여러 가지 조언 중에 가장 인상에 남는 것은 지방의회 사이트에 들어가서 회의록을 보라는 것이다. 당시에는 무슨 뜻인지 전혀 몰랐는데, 시간이 지난 지금은 그 말의 진의를 이해하게 되었다.

지방의회 회의록에 숨겨진 힌트

지방의회 회의록을 보면 해당 지역에 일어나는 일과 앞으로의 계획 등을 알 수 있다. 앞서 강조한 물건 보는 '안목'이 있다면 지방의회 회의록의 함의를 훨씬 수월하게 파악할 수 있을 것이다.

한때, 평창 동계올림픽 개최 전에 개인적으로 원주에 관심이 많았던 때가 있다. 그때 원주시의회(council.wonju.go.kr) 회의록을 예시로 들겠다. 우선 해당 의회 사이트에 들어간다. 그리고 '회의록 검색' 기능을 이용해 원하는 자료를 찾는다. 시간이 부족하다면 '색인어 검색' 기능을 이용해 단어를 입력하고 검색하면 된다. 예를 들어 '가곡리'에 대한 정보가 궁금하다면 색인어 검색에 들어가서 '가곡리'를 검색하는 식이

원주시의회 사이트 회의록 검색 화면

다. 그러면 회의록 중 해당 키워드가 들어간 자료만 노출된다.

예를 들어 '제179회 제2차 건설도시위원회' 회의록 내용을 보면, 원주시 도시관리계획을 맡고 있는 용역회사에서 원주시의회에 참석해 앞으로 변경될 도시관리계획에 대해 설명하는 장면이 나온다. 이때 우리가 눈여겨봐야 할 것은 용도지역의 변경이다.

참고로 용도지역은 크게 도시지역과 비도시지역으로 나뉜다. 도시지역은 다시 주거지역, 상업지역, 공업지역, 녹지지역으로 나뉘며, 비도시지역은 다시 관리지역, 농림지역, 자연환경보전지역으로 나뉜다. 자세한 분류는 도표를 참고하기 바란다.

●○ 용도지역 종류

도시지역	주거지역	전용주거지역	제1종전용주거지역
			제2종전용주거지역
		일반주거지역	제1종일반주거지역
			제2종일반주거지역
			제3종일반주거지역
		준주거지역	
	상업지역	근린상업지역	
		유통상업지역	
		일반상업지역	
		중심상업지역	
	공업지역	전용공업지역	
		일반공업지역	
		준공업지역	
	녹지지역	자연녹지지역	
		생산녹지지역	
		보전녹지지역	
비도시지역	관리지역	계획관리지역	
		생산관리지역	
		보전관리지역	
	농림지역		
	자연환경보전지역		

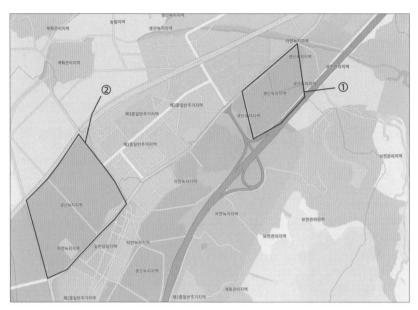

문막IC 일원 지도

먼저 문막지역입니다. 문막I.C 오른쪽 지역입니다. 주변 지역은 현재 영동고속도로 북쪽지역 일부 지역입니다. 영동고속도로를 중심으로 해서 서측은 도시지역으로 관리되고 있습니다. 그런데 문막I.C 오른쪽 지역이 현재 농림지역으로 관리되고 있기 때문에 일부 도시 정형화 차원에서 농림지역을 생산녹지지역으로 변경하는 계획안을 수립했습니다.

흥업면 매지리지역입니다. (…) 효율적인 도시개발을 하기 위한 방법은 비도시지역인 계획관리지역을 자연녹지지역, 도시지역으로 변경시켜줘서 이 지역이 계획지역인 사격장이 이전하고 난 다음에 효율적인 도시개발사업을 하기 위한 방안으로 비도시지역을 도시지역으로 변경하는 계획안을 수립했습니다.

회의록 내용을 보면 문막IC 오른쪽 부분이 농림지역에서 생산녹지지역으로 용도지역이 상향 조정될 계획임을 알 수 있다. 농림지역의 경우 개발이 제한되어서 토지 시세가 저렴한 편이지만, 생산녹지지역으로 변경되면 상대적으로 개발이 수월해진다. 지을 수 있는 건축물의 용도가 다양해지므로 땅값이 올라간다.

문막IC 옆에 붉은색으로 표시한 지역(①)이 회의록에 언급된 곳이다. 과거에는 농림지역이었던 이곳이 지도를 보면 생산녹지지역으로 바뀌었음을 알 수 있다.

당시 회의록을 보고 곧바로 시청에 관련 내용을 문의한 결과, 용도지역은 농림지역에서 생산녹지지역으로 바뀌지만 용도구역은 바뀌지 않는다는 답변을 들었다. 즉 생산녹지지역이지만 용도구역은 농업진흥구역인 것이다. 개발이 거의 불가능하다고 보면 된다.

여기서 팁을 하나 주자면, 이렇게 정배열로 경작을 하는 농지는 단기 및 중기 투자처로는 부적합하다. 이런 토지는 장기로 갖고 있다가 언젠가 도시개발사업으로 수용당해서 보상을 받을 때까지 갖고 있어야 한다. 이 때문에 경지정리가 된 농지에 투자할 때는 정말 신중해야 한다.

소재지	강원특별자치도 원주시 문막읍 문막리 686-1번지		
지목	답 ❓	면적	1,597 ㎡
개별공시지가(㎡당)	114,800원 (2024/01) [연도별보기]		
지역지구등 지정여부	「국토의 계획 및 이용에 관한 법률」에 따른 지역·지구등	생산녹지지역	
	다른 법령 등에 따른 지역·지구등	가축사육제한구역(2022-06-24)(전부제한 모든축종제한)<가축분뇨의 관리 및 이용에 관한 법률>, 농업진흥구역<농지법> 배출시설설치제한지역<물환경보전법>	
「토지이용규제 기본법 시행령」 제9조 제4항 각 호에 해당되는 사항			

범례
- ☐ 농업진흥구역
- ■ 생산녹지지역
- ☐ 배출시설설치제한지역
- ☐ 가축사육제한구역
- ☐ 법정동

☐ 작은글씨확대   축척 1 / 1200 ▾ [변경] [도면크게보기]

문막IC 일원 ① 지역 토지이용계획확인원

용도지역이 바뀐 내역은 토지이용계획확인원에서 확인할 수가 있다. 참고로 토지이용계획확인원은 크게 소재지, 지목, 면적, 개별공시지가, 지역지구 등 지정 여부, 확인도면으로 나뉜다. 소재지는 말 그대로 주소를 뜻하고, 지목은 토지의 사용 목적을 의미하는데 28가지로 구분된다. 하나의 토지에 여러 지목이 존재할 경우 주로 사용하는 목적에 따라 표기된다. 면적은 제곱미터(㎡)로 표기된다. 개별공시지가는 세금과 토지보상금을 산정할 때 기준액이 된다. 지역지구 등 지정 여부에서는 개발 가능 여부를 파악할 수 있다. 확인도면은 지적도로 토지의 경계를

구분	지목	부호	구분	지목	부호
1	전	전	15	철도용지	철
2	답	답	16	제방	제
3	과수원	과	17	하천	천
4	목장용지	목	18	구거	구
5	임야	임	19	유지	유
6	광천지	광	20	양어장	양
7	염전	염	21	수도용지	수
8	대	대	22	공원	공
9	공장용지	장	23	체육용지	체
10	학교용지	학	24	유원지	원
11	주차장	차	25	종교용지	종
12	주유소용지	주	26	사적지	사
13	창고용지	창	27	묘지	묘
14	도로	도	28	잡종지	잡

구분하기 용이하다.

그리고 해당 지역 근처에 경지정리가 된 다른 농지(②)가 있는데, 이

곳의 규모는 24만m² 규모로 도시개발사업을 2015년부터 준비 중이었다. 이곳 역시 생산녹지지역이자 농업진흥구역인 곳이었다. 농업진흥구역은 농업 생산 또는 농지 개량과 직접 연관되지 않은 행위는 할 수 없는 땅을 말한다. 농업 외의 목적으로는 개발할 수 없는 토지라고 보면 된다.

'제203회 제3차 건설도시위원회' 회의록 내용에 도시개발사업에 대한 내용이 나와 있다.

다음은 261쪽, 문막앞뜰 도시개발사업입니다. 문막읍 문막리 306-3번지 일원에 총사업비 약 1,350억 원이 소요되는 사업으로, 2015년 10월 타당성조사용역을 착수하여 2016년 6월 용역을 준공하였으나, 타당성조사결과 사업성이 없는 것으로 검토되어 원주시 자체 개발은 불가능하다고 판단되어, 토지소유자가 참여하는 환지방식으로 추진하는 것이 바람직하다는 결과가 나와, 4회에 걸쳐 토지소유자의 의견을 청취하였으나, 의견수렴결과 사업시행이 가능한 법적 기준인 토지소유자 2분의 1 이상, 또는 토지면적의 3분의 2 이상에 미달되어 개발사업 추진을 보류하고 있습니다. 향후 개발여건 등을 고려하여 LH한국토지주택공사와 사업시행 제안·협의, 민간투자자 공모 등 사업방식을 다각적으로 검토하여 추진할 계획입니다.

사업 타당성조사 결과, 사업성이 미진해 원주시 자체 개발은 불가능하다는 이야기다. 그래서 토지 소유자가 참여하는 환지방식으로 추진하려 했으나 법적 동의수 미달로 그마저도 어렵게 되었다. 시간은 걸리겠지만, 차후에 한국토지주택공사(LH)나 민간투자자 등과 협의해 사업을 추진한다는 내용이다.

　만약 법적 동의수를 충족했다면 해당 토지주들은 수용이 아닌 환지를 받게 된다. 환지란 도시개발사업 시 대상 토지를 토지주에게 다시 재배분하는 것이다. 다만 그 면적은 줄어들게 된다. 이때 줄어드는 비율을 감보율이라고 하는데 감보율이 얼마나 적용되느냐에 따라서 수익을 낼 수도, 그렇지 않을 수도 있다. 예를 들어 1천 평의 땅이 있고 환지 대상이 되어 감보율 60%가 적용되었다면 400평의 환지를 받게 되는 것이다. 이 경우 수익이 얼마나 나올지 계산해봐야 한다.

　환지 전 땅이 평당 30만 원이었다면 1천 평의 값은 3억 원이다. 400평의 환지를 주거지역으로 받았고 해당 땅의 시세가 평당 150만 원이라면, 평수는 줄었지만 시세는 6억 원이 된다. 토지주는 3억 원의 시세차익을 얻을 수 있는 것이다. 물론 차익이 없거나 오히려 마이너스인 반대의 경우도 있으니 각별한 주의가 필요하다.

　한동안 원주시의회 사이트에 접속하지 않다가 최근에 접속했는데, 해당 지역에 대한 내용이 나와 있었다. 주민 반대와 사업성 부진으로 보류했던 '문막앞뜰 도시개발사업'이 다시 진행된다는 소식이 보였다.

타당성조사 용역을 진행하고 수용방식이나 환지방식으로 다시 정해서 진행할 것으로 보인다. 이렇게 시에서 힘을 실어 사업을 추진해도 시간이 오래 걸리는 곳이 많기 때문에, 앞으로 도시개발사업지로 묶일 것 같다고 예상하고 투자하는 것은 조심해야 한다.

다른 회의록을 보면 흥업면 매지리 지역도 효율적인 도시개발을 위해 비도시지역인 계획관리지역을 도시지역인 자연녹지지역으로 변경한 후, 군부대를 이전하고 효율적인 도시개발사업을 추진하겠다는 내용이 있다. 즉 자연녹지지역이 차후 주거지역이나 상업지역으로 용도가 바뀔 수 있다는 뜻이다. 그렇게 된다면 땅값은 올라갈 것이다. 다만 이 지역은 규모가 작고 큰 관심이 없어서 투자를 고려하지 않았다.

무엇보다 '제179회 제2차 건설도시위원회' 회의록에 아주 중요한 정보가 있다. 주고받는 대화를 보면 원주시 지정면 가곡리 251번지 일원을 생산관리지역에서 계획관리지역으로 용도지역을 변경한다는 내용이다. 계획관리지역은 생산관리지역보다 건폐율이 2배 높고, 건축할 수 있는 건축물 용도가 다양하기 때문에 당연히 땅값이 비싸다. 또한 계획관리지역은 차후 도시지역으로 편입될 가능성이 크다. 주거지역으로 변경될 수 있고, 운이 좋으면 상업지역으로 변경될 수도 있다. 그렇게 된다면 땅값은 더욱 오를 것이다.

가곡리 251번지를 검색하면 현재 이곳은 지도처럼 연한 연두색으로 표시되어 있다. 진학 초록색 부분은 농림지역이고, 연한 연두색은 생산

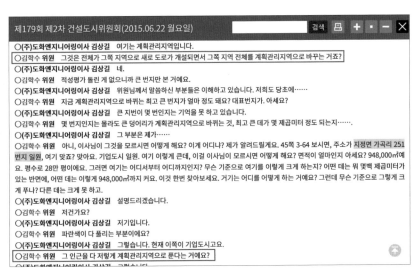

제179회 제2차 건설도시위원회(2015.06.22 월요일)   [검색] [🖨] [+] [·] [−] [✕]

○(주)도화엔지니어링이사 김상길 여기는 계획관리지역입니다.
○김학수 위원 그것은 전체가 그쪽 지역으로 새로 도로가 개설되면서 그쪽 지역 전체를 계획관리지역으로 바꾸는 거죠?
○(주)도화엔지니어링이사 김상길 네.
○김학수 위원 적성평가 돌린 게 없으니까 큰 번지만 본 거예요.
○(주)도화엔지니어링이사 김상길 위원님께서 말씀하신 부분들은 이해하고 있습니다. 저희도 당초에……
○김학수 위원 지금 계획관리지역으로 바뀌는 최고 큰 번지가 얼마 정도 돼요? 대표번지가. 아세요?
○(주)도화엔지니어링이사 김상길 큰 지번이 몇 번인지는 기억을 못 하고 있습니다.
○김학수 위원 몇 번지인지는 몰라도 큰 덩어리가 계획관리지역으로 바뀌는 것, 최고 큰 데가 몇 제곱미터 정도 되는지……
○(주)도화엔지니어링이사 김상길 그 부분은 제가……
○김학수 위원 아니, 이사님이 그것을 모르시면 어떻게 해요? 이게 어디냐? 제가 알려드릴게요. 45쪽 3-64 보시면, 주소가 지정면 가곡리 251 번지 일원, 여기 맞죠? 맞아요. 기업도시 일원. 여기 이렇게 큰데, 이걸 이사님이 모르시면 어떻게 해요? 면적이 얼마인지 아세요? 948,000㎡예요. 평수로 28만 평이에요. 그러면 여기는 어디서부터 어디까지인지? 무슨 기준으로 여기를 이렇게 크게 하는지? 어떤 데는 뭐 몇백 제곱미터가 있는 반면에, 어떤 데는 이렇게 948,000㎡까지 커요. 이것 한번 찾아보세요. 거기는 어디를 어떻게 하는 거예요? 그런데 무슨 기준으로 그렇게 크게 푸나? 다른 데는 크게 못 하고.
○(주)도화엔지니어링이사 김상길 설명드리겠습니다.
○김학수 위원 저건가요?
○(주)도화엔지니어링이사 김상길 저기입니다.
○김학수 위원 파란색이 다 풀리는 부분이에요?
○(주)도화엔지니어링이사 김상길 그렇습니다. 현재 이쪽이 기업도시고요.
○김학수 위원 그 인근을 다 저렇게 계획관리지역으로 푼다는 거예요?
○(주)도화엔지니어링이사 김상길 그렇습니다.

제179회 제2차 건설도시위원회 회의록

관리지역이다. 그리고 주변 살구색은 계획관리지역 부분이다. 회의록에 따르면 이 가곡리 251번지 일대의 생산관리지역, 즉 연한 연두색 부분이 계획관리지역으로 바뀐다는 내용이다.

　지도에서 유심히 봐야 할 부분이 있다. 지도 왼쪽 살구색 지역 중 표시된 곳(Ⓐ)은 현재 계획관리지역이지만 본래 생산관리지역이었다. 앞서 회의록을 보고 난 후 나는 이쪽 주변에 매물이 있는지 검색했고, 해당 지역이 급매로 나온 것을 확인했다. 2년 정도 안 팔린 땅으로 당시 625평 2필지가 평당 60만 원 정도에 나와 있었다. 오랜 기간 팔리지 않았기에 협상에 따라 좀 더 조정이 가능해 보였다.

가곡리 251번지 일원 지도

　　매수 결정을 바로 내리지 못한 이유는 토지주가 옆에 있는 도로보다
너무 높게 성토를 했기 때문이다. 되돌리는 비용도 문제지만 불필요하
게 높이 성토한 이유가 궁금했다. 성토를 감안하면 매매가를 어느 정도
깎아야 했다. 또 대출이 매매가의 55% 정도 나온다 해도 약 2억 원 정
도의 현금이 필요했다.

　　당시에 다른 곳에 투자한 상황이라 자금이 융통되려면 몇 달 정도 기
다려야 했다. 2년 정도 안 팔린 땅이니 수개월 뒤에도 그럴 것이라고
자만했다. 그러던 중 해당 토지는 2016년 9월 20일 다른 사람에게 평

소재지	강원특별자치도 원주시 지정면 가곡리 768-6번지		
지목	답 ❓	면적	838 ㎡
개별공시지가(㎡당)	132,900원 (2024/01) 연도별보기 ◈RE3 한국부동산원 부동산 공시가격 알리미		
지역지구등 지정여부	「국토의 계획 및 이용에 관한 법률」에 따른 지역·지구등	계획관리지역, 성장관리계획구역(2024-03-02)	
	다른 법령 등에 따른 지역·지구등	가축사육제한구역(일부제한 모든축종제한)<가축분뇨의 관리 및 이용에 관한 법률>, 배출시설설치제한지역<물환경보전법>	
「토지이용규제 기본법 시행령」 제9조 제4항 각 호에 해당되는 사항			

가곡리 A 지역 토지이용계획확인원

당 56만 원에 팔렸다. 그리고 그 이후 A의 용도지역은 계획관리지역으로 변경되었다.

용도지역이 바뀌고 수개월 후 평당 70만 원에 다시 매물로 나왔다. 시세차익만 8천만 원 이상인 것이다. 하지만 이 땅은 팔리지 않았다. 내 생각에는 일부러 안 판 것 같다. 곧 있으면 원주기업도시의 아파트 입주가 시작되고 사람이 몰릴 것이기 때문이다.

최근 시세는 평당 130만~150만 원에 달한다. 해당 매수자는 투자한 지 채 2년도 되지 않았는데 2.5배 이상의 차익을 거둔 것이다. 3억 5천만 원에 산 토지가 8억 1천만~9억 4천만 원이 되었다. 이것이 토지의 위력이다.

지방의회 회의록을
확인하라 ②

용도지역 변경 여부를 확인하다

과거 나에게 토지를 매입한 어느 연상의 투자자와 좋은 인연을 이어
오고 있었는데, 어느 날 그분에게 갑자기 전화가 왔다.

"아우님! 내가 이번에 친한 사람 2명이랑 해서 셋이 같이 함덕에
수만 평을 투자했거든? 땅도 평평하고 정말 좋은 곳이야!"

제주시 조천읍 함덕리 71-33 일원 지도

"아, 정말요? 축하드립니다."

"거기가 지금 보전관리지역으로 묶여 있어. 문제가 살짝 있는 토지야. 지하수자원보전지구 2등급이거든. 그런데 앞에 있는 토지는 같은 지하수자원보전지구 2등급인데 큰 기업에서 창고로 이용 중이고 계획관리지역이야. 그래서 이번에 청원을 넣었거든? 형평성 문제가 있잖아."

"그래요? 5년마다 용도지역이 바뀔 수 있는 기회가 생기기는 하는데."

"맞아. 우리 땅도 계획관리지역으로 바뀔 거야! 아, 조만간 무조건 바뀌니까 아우가 거기서 개발을 하든, 땅을 매수하든 알아서 좀 해줘."

"네, 우선 알겠습니다."

전화를 끊고서 해당 토지를 살펴봤다. 정말 해당 토지 주변만 보전관리지역으로 묶여 있고 나머지 지역은 계획관리지역으로 되어 있는 것이 아닌가?

지인의 말이 사실인지 아닌지 확인해야 하기 때문에 곧바로 제주도의회 사이트에 들어가서 회의록을 검색했다. 안건 검색에서 '함덕리 용도지역'을 입력하니 '제380회 제2차 본회의' 회의록 내용이 나왔다. 다음은 해당 내용 중 일부다.

마지막 청원의 건으로 제주시 연동 주거지역(용도지역) 변경 청원 등 6건의 청원에 대하여는 민원이 해소될 수 있는 방안 등을 종합적으로 강구해 나가도록 의견을 제시하여 제주특별자치도지사에게 이송하는 것으로 가결하였습니다.

정말로 지인의 말대로 모 도의원이 토지 부분에 대해 안건을 넣은 것을 확인할 수 있었다. 청원의 요지는 형평성에 어긋나서 불합리하다는

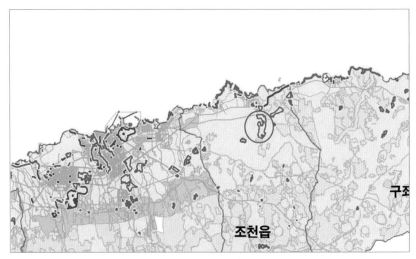

2030 제주시 도시관리계획 재정비(안) 총괄도

이유였다. 보전관리지역에서 계획관리지역으로 바꿔줄 것을 요청했고, 해당 관계 부서는 원칙적인 답변을 내놓았다. '지하수보전지구 1·2등급 지역은 보전관리지역을 유지하는 것을 원칙으로 하여 용도지역 상향이 어려운 실정'이란 답변인데, 전문가 현장 정밀조사를 통해 지하수보전지구 등급의 변경 여부를 검토하겠다는 내용이 이어졌다. 그리고 도의회에서 만장일치로 해당 안건은 가결되었다.

시간이 흘러 2023년에 제주시에서 '2030 제주시 도시관리계획 재정비(안)'을 발표했다. 해당 안에 따르면 곧 용도지역이 바뀔 것이라는 것을 알 수 있다. 이 부분을 확인한 뒤에 지인에게 전화를 걸었다.

"형님, 축하드립니다. 곧 용도지역 바뀌겠네요!"

"어? 어떻게 알았어? 난 관계자니까 어제 알았는데 진짜 정보 빠르다. 그나저나 용도지역 바뀌면 땅값부터 다시 이야기해야 되는 거 알지?"

"네? 여보세요?"

제주도의회 회의록을 확인했다면 용도지역 변경 여부를 약 3년 6개월 전에 알게 되었을 것이다. 반대로 이때 같이 청원에 올라온 다른 지역은 관계 부서에서 아예 용도지역 변경이 불가하다고 못박은 바 있다. 그래서 다른 지역은 위치가 훨씬 좋음에도 아예 관심도 두지 않았다.

제2장

다양한 사례로 보는 소액 토지 투자 ①

"투자란 철저한 분석을 통해

원금을 안전하게 지키면서도

만족스러운 수익을 확보하는 것이다.

그렇지 않으면 투기다."

_벤저민 그레이엄

제2장

푹 꺼진
시골 토지

　많은 사람이 토지 투자는 큰돈이 있어야 가능한 영역이라고 생각한다. 단언컨대 소액으로도 얼마든지 가능하다. 자수성가한 수백억 자산가들을 보면 처음부터 돈이 많아서 땅부자가 된 것은 아니다. 과거부터 여윳돈이 생기면 틈틈이 토지를 구매해서 오늘날의 부른 이룬 것이다. 즉 중요한 건 돈이 아니라 마음가짐과 안목이다.

　큰 부자는 토지에서 나온다는 말이 있다. 예를 들어 제주도의 경우 2011~2016년 투자 붐이 일었는데, 아파트 값도 분양가 대비 2~3배

올랐지만 토지의 상승률은 그 이상이었다. 지인 중에 오일장에서 야채
가게를 하는 분이 있는데, 그분은 현금이 쌓일 때마다 적금 대신 토지
를 꾸준히 구매했다. 그 결과 제주도 부동산 붐을 등에 업고 재산 가치
가 크게 뛰었다.

　토지 투자로 부자가 되는 방법은 단순하다. 이분처럼 긴 안목으로 꾸
준히 투자하면 된다. 주택과 달리 토지는 정부 정책과 규제에서 자유롭
기 때문에 시장 상황이 바뀌어도 마음에 여유가 있다. 야채가게를 운영
하는 지인이 현재 보유한 자산 가치만 해도 수십억 원이 넘는다. 그는
아직도 야채가게에서 일하고 있다. 겉모습은 달라진 게 없지만 얼굴에
는 항상 여유가 있다.

공매를 통한 시골 토지 투자

　나는 1천만 원 내외의 소액 토지의 경우 경매보다는 한국자산관리공
사(온비드)에서 진행하는 공매에 관심을 갖고 입찰을 하는 편이다. 왜냐
하면 경매 입찰은 해당 지역의 법원에 가서 입찰해야 하는 번거로움이
있기 때문이다. 소액 물건을 입찰하기 위해 전국을 누비는 것은 시간과
비용이 아깝다. 법원에 가도 낙찰이 보장된 것은 아니기에 소액 토지는
인터넷으로도 입찰 가능한 공매를 선호한다. 또 공매는 경매보다 경쟁

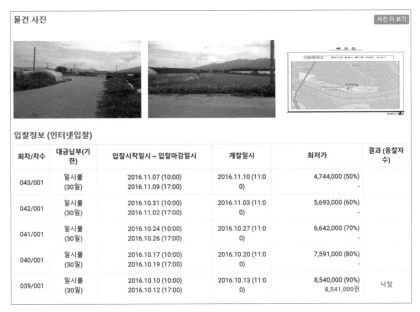

물건 사진			사진 더 보기

입찰정보 (인터넷입찰)

회차/차수	대금납부(기한)	입찰시작일시 ~ 입찰마감일시	개찰일시	최저가	결과 (응찰자 수)
043/001	일시불 (30일)	2016.11.07 (10:00) 2016.11.09 (17:00)	2016.11.10 (11:00)	4,744,000 (50%)	-
042/001	일시불 (30일)	2016.10.31 (10:00) 2016.11.02 (17:00)	2016.11.03 (11:00)	5,693,000 (60%)	-
041/001	일시불 (30일)	2016.10.24 (10:00) 2016.10.26 (17:00)	2016.10.27 (11:00)	6,642,000 (70%)	
040/001	일시불 (30일)	2016.10.17 (10:00) 2016.10.19 (17:00)	2016.10.20 (11:00)	7,591,000 (80%)	
039/001	일시불 (30일)	2016.10.10 (10:00) 2016.10.12 (17:00)	2016.10.13 (11:00)	8,540,000 (90%) 8,541,000원	낙찰

시골 토지 A의 입찰 정보

이 덜하기 때문에 좀 더 저렴하게 낙찰을 받을 수 있다.

어느 날 온비드에 접속해서 물건을 검색하고 있는데 시골 토지 A가 눈에 띄었다. 요즘에는 베이비부머 세대가 은퇴하고 전원주택을 짓기 위해 저렴한 토지를 찾는 경우가 많다. 특히 유명한 산과 강 근처의 땅은 인기가 좋다. 시골 토지 A는 지리산 근처였고 바로 옆에 섬진강이 흐르고 있었다.

금액은 1천만 원 미만이고, 평수도 180평 정도로 딱 좋았다. 읍내까지 차로 10분 내외이니 시내와의 접근성도 나쁘지 않았다. 고심 끝에

소재지	전북특별자치도 ▓▓▓▓▓▓▓▓▓▓▓▓▓▓		
지목	전 ❓	면적	681.5 ㎡
개별공시지가(㎡당)	14,800원 (2024/01) 연도별보기 ◆ RE3 한국부동산원 부동산 공시가격 알리미		
지역지구등 지정여부	「국토의 계획 및 이용에 관한 법률」에 따른 지역·지구등	농림지역(2023-12-15) , 농림지역(농림지역) , 보전관리지역(2023-12-15) , 보전관리지역(보전관리지역)	
	다른 법령 등에 따른 지역·지구등	가축사육제한구역(상대제한지역500m(모든축종 제한지역))<가축분뇨의 관리 및 이용에 관한 법률>, 농업진흥구역<농지법>, (영산강·섬진강)건축 등 허가제한지역(가축분뇨배출시설 신축 제한)<영산강·섬진강수계 물관리 및 주민지원 등에 관한 법률>	
「토지이용규제 기본법 시행령」 제9조 제4항 각 호에 해당되는 사항			
확인도면		범례 ▨ 보전관리지역 ▨ 농림지역 ☐ 법정동 ☐ 작은글씨확대 축척 1/ 1200 ∨ 변경 도면크게보기	

시골 토지 A의 토지이용계획확인원

투자하기로 결심하고 입찰을 진행했고, 결과적으로 '단독낙찰'을 받았다. 179평을 854만 원에 낙찰받았으니 평당 4만 8천 원 꼴로 산 것이다. 나는 틈새시장 위주로 투자하다 보니, 보통 입찰을 하면 이렇게 단독낙찰이나 경쟁률이 2:1 수준인 경우가 많다.

  시골 토지 A의 토지이용계획확인원을 보니 용도지역이 보전관리지역이었다. 관리지역에는 보전관리지역, 생산관리지역, 계획관리지역이 있는데 이 중 보전관리지역은 개발 제한이 많은 편이다. 하지만 보전관리지역에서도 단독주택을 지을 수가 있어 입찰을 진행했다.

만일 관리지역에 대한 부분이 헷갈린다면 관할 시군구청에 전화로 문의하거나 인터넷으로 민원을 넣어 확답을 받은 다음 투자하는 것을 권한다.

1. 보전관리지역: 자연환경 보호, 산림 보호, 수질오염 방지, 녹지 공간 확보 및 생태계 보전 등을 위해 보전이 필요하나, 주변 용도 지역과의 관계 등을 고려할 때 자연환경보전지역으로 지정해 관리하기가 곤란한 지역을 말한다.

2. 생산관리지역: 농업·임업·어업 생산 등을 위해 관리가 필요하나, 주변 용도지역과의 관계 등을 고려할 때 농림지역으로 지정해 관리하기가 곤란한 지역을 말한다.

3. 계획관리지역: 도시지역으로의 편입이 예상되는 지역이나 자연환경을 고려해 제한적인 이용·개발을 하려는 지역으로서 계획적·체계적인 관리가 필요한 지역을 말한다.

시골 토지 A는 지목이 '전'이지만, 현황은 '답'이었다. 참고로 농지는 낙찰을 받은 후 농지취득자격증명원을 해당 토지 읍면사무소에서 발급받아야 한다. 최근에는 절차가 개선되어 정부24(www.gov.kr)를 통해 인터넷으로도 발급이 가능하다.

당시에 나는 수도권에 거주하고 있었기 때문에 근처에 사시는 장인 어른께 행정 업무를 부탁드렸다. 이때 한 가지 부탁을 드렸는데, '토지 매매'란 글씨와 나의 전화번호를 적은 팻말을 꽂아달란 것이었다.

팻말을 꽂은 후 인근 주민에게 문의 전화가 왔다.

"팻말 보고 전화했습니다. 평당 얼마인가요?"

"거기 평수가 179평입니다. 평당 10만 원에 팔 생각입니다."

"뭐라고요? 이 동네 시세가 평당 5만~6만 원인데 너무 비싸네요. 거기다가 땅도 푹 꺼져 있고. 나중에 다시 전화하겠습니다."

실제로 시골 토지 A는 주변 도로보다 약 70cm 정도 꺼져 있는 상태였다. 이런 전화를 받는다면 무슨 생각이 들까? 내가 땅을 잘못 고른 것인가 싶어 후회를 할 수도 있다. 하지만 나는 평당 10만 원이 비싼 가격이라고 생각하지 않았다. 평당 10만 원이면 2천만 원이 되지 않는 가격이다. 저 정도 위치와 평수면 반드시 수요가 있으리라 생각했다. 딱 한 사람, 이 땅이 필요한 딱 한 사람만 찾으면 되는 것이다. 10명 중에 9명이 비싸다고 안 사도 1명이 가격이 괜찮다고 말하면 문제될 게 없다.

이후에 해당 지역 교차로 신문에 광고를 올렸지만 전화 한 통 오지 않았다. 해당 지역은 교차로보다 사랑방 신문을 더 많이 본다는 소식을

시골 토지 A의 사진. 도로보다 땅이 약 70cm 정도 꺼져 있다.

접하고 바로 사랑방 신문에 광고를 올렸다. 예상대로 전화가 여러 통이
왔지만 매수 희망자들은 하나같이 땅이 푹 꺼져 있어 못 사겠고 말했
다. 문제점을 알았으니 이제는 문제점을 해결하면 된다.

　나는 주변에 흙이 나올 만한, 즉 절토가 필요한 토지의 주인을 찾아
전화를 걸었다.

　"안녕하세요. 저는 ○○번지 소유주입니다. 주변 이웃의 소개로
　전화를 드렸어요. 제 땅이 도로보다 조금 꺼져 있어서 메울 흙이
　필요한데요. 사장님 토지는 절토를 해야 한다고 들었습니다. 흙을
　다른 데 버리시면 비용이 들잖아요? 혹시 제 땅에다가 성토를 하

시면 어떨까요?"

"아, 그럼 좋죠. 절토할 때 말씀드리겠습니다."

"네, 감사합니다!"

그렇게 공짜로 성토할 수가 있게 되었다. 성토로 문제가 해결되었으니 땅의 가치가 높아졌다 판단해 예전보다 가격을 좀 더 올려서 매물을 내놓았다. 그리고 얼마 뒤 성공적으로 매매가 이뤄졌다. 계약서를 작성하기 위해 해당 지역에 내려가 매수 희망자를 만났다. 생각보다 젊은 분이었는데 단독주택을 짓기 위해 땅을 매입한다고 했다.

후일담을 이야기하자면, 매수자는 훗날 해당 토지에 단독주택이 아닌 허름한 창고를 지어서 더 높은 가격에 매도했다. 소박하지만 개발사업을 통해 나보다 더 큰 이익을 낸 것이다.

그리고 땅을 무료로 성토해준 분이 땅이 팔렸다는 소식을 듣고 나에게 전화를 걸어서 항의 아닌 항의를 했다. 요지는 자기 덕분에 좋은 가격에 팔린 것이니 약간의 수고비를 달라는 것이다. 반대로 생각하면 내가 없었다면 그분은 돈을 주고 흙을 버려야 했을 텐데, 본인 덕이라고 주장하니 황당했다. 어디서 다시 만날지도 모르는 게 인간사라 약간의 합의금을 드리고 마무리를 지었다. 왜 '합의금'이라고 칭했냐면 처음에는 상대가 생각보다 거액의 돈을 요구해서 내가 그냥 연락을 무시했는데, 마음이 급해졌는지 그쪽에서 가격을 낮추며 합의를 시도했기 때문

창고를 지어 가치를 높인 시골 토지 A의 사진

이다. 나도 꽤 수익을 얻었으니 좋은 게 좋은 것이란 마음으로 흔쾌히
입금했다.

소액
고물상 토지

나는 수년 전부터 강원도 지역에 관심을 가지고 돈이 될 만한 땅을 찾았다. 어느 날 경매 물건을 검색하다가 위치가 좋은 소형 토지 B를 알게 되었다. 네이버 지도를 확인해보니 해당 토지 위에 점선으로 그려진 선이 보였다. 해당 토지 북측에 원주기업도시가 자리 잡고 있어 점선이 그어진 것이다.

2년이 지난 현재 아파트 입주가 이어지고 있지만 당시에는 허허벌판이었다. 당시 시세는 평당 60만 원 정도였는데 아파트 입주가 시작되

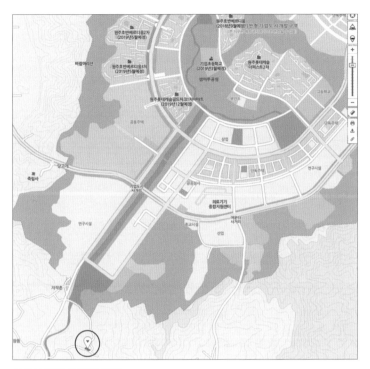

고물상 토지 B 일원 지도

는 2년 후부터 가격이 오를 것이라는 확신이 생겼다. 게다가 광주원주 고속도로가 곧 개통되고, 서울에서 강릉까지 가는 KTX가 있고 경강선이 연장되는 서원주역까지 불과 3km밖에 떨어져 있지 않아 무척 마음에 들었다.

그래서 마음이 급했지만 평정심이 흔들리면 제대로 된 투자를 할 수 없어 최대한 침착함을 유지하며 유찰을 기다렸다.

고물상 토지 낙찰 및 명도

당시에는 신건이라 유찰이 되지 않은 상태였다. 43평의 토지의 감정가는 2,500만 원으로 평당 약 59만 원이었다. 투자의 기본은 싸게 사는 것이기 때문에 유찰이 2번 될 때까지 기다렸다. 그때는 정말 시간이 왜 이렇게 안 가던지 애가 탔다. 혹여 누군가 가치를 알아보고 입찰하면 어떡하나 발을 동동 굴렀다.

다행히 두 차례 유찰이 되었다. 그때는 허허벌판이고, 사진처럼 고물상으로 이용되고 있어 관심을 받지 못했던 것 같다. 겉모습은 지저분하고 허름했지만 조금만 다듬으면 비싼 가치를 지닌 '옥'이 되리라고 확신했다.

2번 유찰되고 3번째 입찰할 때 낙찰을 받았다. 해당 토지 말고도 바로 옆에 있는 토지도 함께 낙찰을 받았다. 고물상 토지 B의 낙찰가는 1,523만 원으로 평당 35만 4천 원 꼴이었다. 시세보다 평당 25만 원 정도 저렴하게 산 것이다. 매입 시점부터 1천만 원 정도 시세차익이 발생했다.

참고로 이 땅의 용도지역은 계획관리지역이어서 건폐율 40%, 용적률 100%를 적용받는다. 2층 집을 지을 경우 1~2층에 각각 17평씩을 충분히 확보할 수 있다.

낙찰을 받은 후에 나는 고물상 토지 B를 이용하고 있는 고물상 주인

소재지	강원 원주시 ████████ 도로명 검색				
물건종류	전	사건접수	████	경매구분	형식적경매
건물면적	0m²	소유자	이0000000	감정가	25,134,000원
대지권	142m² (42.96평)	채무자	이0000000	최저가	(49%) 12,316,000원
매각물건	토지전부	채권자	정00	입찰보증금	(10%) 1,231,600원

입찰 진행 내용

구분	입찰기일	최저매각가격	상태
1차	2015-09-14	25,134,000	유찰
2차	2015-10-19	17,594,000	유찰
3차	2015-11-23	12,316,000	낙찰
	낙찰 15,239,000원 (61%) (응찰 : 2명 / 낙찰자 : 안00000) 매각결정기일 : 2015.11.30 - 매각허가결정 대금지급기한 : 2016.01.05 대금납부 : 2015.12.23 / 배당기일 : 2016.04.20 배당종결 : 2016.04.20		
종국결과	2016-04-20	0	배당

물건 사진 [사진 더 보기]

고물상 토지 B의 입찰 정보

고물상 토지 B의 현황사진

에게 내용증명을 한 통 보냈다. 보통은 현장에 찾아가서 협의하겠지만 나는 명도할 때 되도록 현장에 가지 않고 전화나 문자로 해결하는 편이다. 며칠 뒤 고물상 주인으로부터 전화가 왔다.

"여보세요? 내용증명 때문에 연락드렸습니다."

"네, 안녕하세요!"

"이거 뭡니까? 제가 왜 나가야 되는 건가요? 옛날부터 여기 땅 주인 허락으로 영업하고 있는 건데요. 제가 잘못한 게 없는데 왜 나가야 되는 거죠?"

"그건 예전 주인하고 협의한 부분인 것이고 이제 소유자가 바뀌었으니 저랑 협의를 보셔야죠. 저는 텃밭을 꾸미려고 산 것이기 때문에 협의할 생각은 없습니다. 그리고 이제부터 매달 얼마씩 저한테 지료를 지급할 의무가 있으세요. 하루 빨리 이사를 가시는 게 좋습니다."

"하, 갑자기 어디로 이사를 가고 이 많은 짐을 치웁니까. 그럼 이사비라도 주셔야 되는 거 아닙니까?"

"죄송하지만, 큰 토지라면 이해가 되지만 평수도 얼마 되지 않은 작은 토지잖아요. 최대한 빨리 이사 가시면 지료 청구는 하지 않겠습니다."

"진짜 너무하시네요. 마음대로 하세요."

이렇게 통화를 마치고, 바로 국민신문고로 원주시청에 민원을 제기했다. 고물상 토지 B에 불법점유자가 있으니 당장 조치를 취해달라는 민원이었다. 2일 뒤에 원주시 공무원이 현장에 나가서 불법점유이므로 나중에 벌금을 낼 수 있다고 안내했다. 최대한 빨리 퇴거하라고 내 대신 명도를 해준 셈이다. 그렇게 1개월 만에 고물상 주인은 이사를 갔다. 추후 알게 되었지만 이사를 간 곳은 바로 앞에 있는 토지였다.

이후에 옆에 있던 다른 토지주가 갑자기 집을 짓기 시작했다. 현장에 가보니 조립식으로 집을 지어서 금방 완공되었다. 노부부와 아들이 살고 있었는데, 글쎄 내 토지에 허락도 없이 농사를 짓는 것이 아닌가? 그래서 내 토지를 매입하던지 아니면 절대 손대지 말고 가만히 놔두라고 이야기했다. 노부부는 여유자금이 없어 매수를 하고 싶어도 할 수 없다고 했다. 그렇다고 계속 농사를 짓게 할 수는 없었다. 경작물은 해당 경작자에게 소유권이 있어 나중에 골머리가 아플 수 있었다. 법원의 판례가 그렇다. 토지 소유자의 승낙이나 양해가 없어도 해당 토지에서 경작하거나 재배된 농작물은 경작자에게 소유권이 있다고 판결된 바 있다.

토지 B의 목표 매도가는 평당 100만 원이었다. 주변에서 보기 드문 소형 토지라 충분히 평당 100만 원은 받을 수 있으리라고 생각했다. 옆에 큰 토지(272평)도 같이 낙찰을 받았고, 추후 그 토지와 B를 합쳐 큰 수익을 거뒀다.

토지 B의 시세차익만 놓고 보면 나는 약 1,400만 원의 수익을 거뒀다. 낙찰가 1,523만 원에 등기비 60만 원을 더하고, 대출 1,100만 원 (연이자 3.09%)을 제하면 실제 투자금은 483만 원이다. 1,523만 원에 매수해 3천만 원에 매도했으니 투자금 대비 약 3배에 달하는 수익을 거둔 것이다.

소액
맹지 투자

제주도가 고향이라 틈나는 대로 경매 물건을 검색하는 편인데, 어느 날 한 번 유찰이 된 맹지 A가 눈에 들어왔다. 맹지란 길에 붙어 있지 않은 토지로 건축 허가가 나오지 않는 땅을 말한다. 맹지 A는 아주 작은 토지였는데, 지도를 보자마자 본능적으로 돈이 될 것 같은 느낌이 들었다. 맹지 A 주변에 있는 B, C 땅이 눈에 띄었다. 특히 B는 최근에 경매로 나와 누군가 단독으로 낙찰을 받아간 땅이었다.

왠지 좋은 느낌이 들었다. B의 토지주에 대해 좀 더 조사를 해봤다.

A(맹지), B, C 일원 지도

먼저 B의 등기부등본을 떼고, 소유자의 주소를 확인해 거주 중인 곳의 등기부등본까지 확인했다. B의 소유주는 서귀포 시내의 노른자 땅 위에서 장사를 하고 계신 분이었다. 대출도 없이 건물을 소유한 부자란 사실을 알게 되었다.

   내가 만약 맹지 A를 낙찰받으면 B의 소유주에게 팔기 좋겠다는 생각이 들었다. 만약 B 소유주가 안 사준다면 C 소유주에게 팔면 그만이다. 맹지 A는 그 자체로는 값어치가 없지만 B나 C와 합치면 더 이상 맹지가 아니게 된다. 참고로 B와 C의 가격은 평당 200만 원 정도다. A는 평당 48만 원이란 감정가로 경매에 나왔고 거기서 한 차례 유찰되어 평당 33만 원대까지 떨어졌다.

만약 내가 낙찰을 받아 평당 100만 원 정도에 B, C 소유주에게 판다면 3배 이상의 시세차익을 거두게 된다. B, C 소유주에게도 굉장히 좋은 거래다. A가 자신의 땅에 편입되면 길이 없는 토지에서 길이 붙은 토지로 바뀌어 평당 200만 원의 가치가 생기기 때문이다. 말 그대로 서로 '윈윈'이 가능한 거래였다.

수요 있는 맹지는 경쟁력 있다

잠시 고민한 후 충분히 이익을 볼 수 있다 생각해 입찰을 했고, 5명이 입찰했지만 운 좋게 평당 39만 원에 낙찰을 받았다. 낙찰을 받고 경매법정에서 나오니 2명이 따라 나왔다. 한 명은 차순위 입찰자였고 다른 한 명은 토지 B의 소유자였다. 두 분 다 땅을 팔라고 접근했으나, 경험상 차순위 입찰자와는 좋은 거래가 힘들 것이라고 생각해 따로 전화번호를 알려주지 않았다. B의 소유자와 잠시 카페에 앉아 이야기를 나눴다.

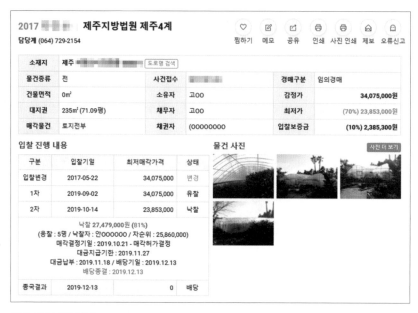

2017 ▓▓▓ ▓▓	**제주지방법원 제주4계**				
담당계 (064) 729-2154		찜하기 메모 공유 인쇄 사진 인쇄 제보 오류신고				

소재지	제주 ▓▓▓▓▓▓ ▓▓▓▓ 〔도로명 검색〕			
물건종류	전	사건접수	▓▓▓▓	경매구분	임의경매
건물면적	0m²	소유자	고OO	감정가	34,075,000원
대지권	235m² (71.09평)	채무자	고OO	최저가	(70%) 23,853,000원
매각물건	토지전부	채권자	(OOOOOOOO	입찰보증금	(10%) 2,385,300원

입찰 진행 내용

구분	입찰기일	최저매각가격	상태
입찰변경	2017-05-22	34,075,000	변경
1차	2019-09-02	34,075,000	유찰
2차	2019-10-14	23,853,000	낙찰
	낙찰 27,479,000원 (81%) (응찰: 5명 / 낙찰자: 안OOOOOO / 차순위: 25,860,000) 매각결정기일: 2019.10.21 - 매각허가결정 대금지급기한: 2019.11.27 대금납부: 2019.11.18 / 배당기일: 2019.12.13 배당종결: 2019.12.13		
종국결과	2019-12-13	0	배당

물건 사진

맹지 A의 입찰 정보

　　"맹지라 아무도 입찰을 안 할 줄 알고 최저가를 썼는데 한 방 먹은 느낌입니다. 도대체 그 필요도 없는 땅을 왜 사신 겁니까?"

　　"저도 원래 고향이 제주도이고, 비록 맹지이긴 하지만 조그맣게 농사를 지어볼까 해서요. 그런데 사장님, 얼마 전 낙찰받으신 토지 B에서 연세 많은 노인이 거주하고 계시더라고요. 혹시 어떤 관계이신가요?"

　　"저희 어머니입니다. B도 본래는 작은형이 사업하다 경매로 넘어간 땅인데, 연로하신 어머님이 거주하고 있어서 어쩔 수 없이 낙찰받은 겁니다."

"아, 그렇군요. 제가 낙찰받은 토지에 종종 왔다갔다하면 어머님께서 신경 쓰이시겠네요."

"저한테 약간의 웃돈을 얹어서 파실 생각 없으십니까?"

"가격만 맞는다면 팔 생각은 있습니다."

"얼마인가요?"

"도로와 붙은 B가 평당 200만 원은 하니, 낙찰받은 토지가 비록 맹지지만 평당 100만 원에는 팔 생각입니다. 평당 100만 원에 사셔도 사장님은 차익을 볼 수 있습니다."

"아니, 방금 2,750만 원에 낙찰받고 7,100만 원에 판다는 겁니까? 장난하세요?"

나는 낙찰가를 생각하지 말고 향후 얻게 될 이익금을 고려하라고 조언했다. B는 평수가 작아서 맹지 A와 합쳐야만 빛을 볼 수 있는 물건이다. B의 소유주는 결코 그 가격에는 팔 수 없다며 자신한테 안 팔면 대대손손 맹지를 물려줘야 할 것이라고 으름장을 놨다.

그렇게 1차 미팅이 끝났다. 첫 미팅에서 원하는 가격에 협의되는 경우는 드물다. 왜냐하면 낙찰가가 아른거리기 때문이다. 어쨌든 내가 원하는 가격을 말했고, 당장 받아들이긴 힘들어도 시간이 지나면 납득할 것이라 생각했다. 이후 잔금을 납부하고 소유권 이전을 완료했다. 그리고 1박 2일 일정으로 비행기를 타고 A가 있는 제주도로 향했다. 이번에는 B가 아닌 C의 소유주와 협상하기 위해서다.

"안녕하세요. 바로 앞에 있는 토지 소유자입니다."
"그래서 어쩌라고요? 관심 없어요. 가세요!"

단 몇 초 만에 문전박대를 당했다. 처음 겪는 일이라 순간 당황했다. 그래도 시간 내서 왔으니 자초지종을 듣고 싶어 다시 초인종을 눌렀다.

"잠깐만요, 사장님. 사장님의 담 일부가 제 땅을 침범해서 그것 때문에 온 것입니다. 왜 이유도 듣지 않고 문전박대하세요?"
"관심 없고요. 마음대로 하세요. 저는 B 소유자와 옛날부터 호형호제하던 사이입니다."

그제야 이유를 알았다. B의 소유주가 미리 고춧가루를 뿌린 것이다. 이렇게 된 이상 유리한 협상을 위해 진짜로 실수요자처럼 굴 수밖에 없었다. 우선 B 소유주에게 문자를 하나 보냈다. 내용은 앞으로 내가 낙찰받은 땅에 농사를 지을 것이고, 나에게 토지 B를 다닐 수 있는 주위토지통행권이 있으니 적극적으로 그 권한을 행사하겠다는 것이었다. 주위토지통행권이란 어느 토지와 공로 사이에 용도에 필요한 통로가 없는 경우 토지 소유자가 주변 토지를 통행 또는 통로로 활용할 수 있는 권리를 뜻한다.

B에게서 바로 전화가 왔다.

"이거 무슨 내용이요? 주위토지통행권을 신청한다니?"

"네, 그렇습니다. 저희 재산을 지키기 위해 어쩔 수 없는 것이니까요. 지금 사장님 집의 입구(진입로)를 이용할 수밖에 없어요."

"지금 장난하세요? 지금 어딥니까! 당장 만납시다!"

"그렇지 않아도 현장에 있습니다. 지금 사장님 계신 곳으로 가겠습니다."

그렇게 B 소유주의 가게로 가게 되었고 이야기를 나눴다.

"아까는 우선 죄송했습니다. 좀 더 부드럽게 문자를 보냈어야 했는데 제가 직설적인 편이라. 사실 아는 경매 고수와 공동투자를 한 것인데, 그분이 그렇게 문자를 보내라고 해서요."

"아, 그분 진짜 나쁜 사람이네요. 하여튼 저도 그 토지를 사고 싶어도 여유가 없어요. 이번에 가게 리모델링도 하고 최근에 B를 낙찰받느라 여유가 없네요. 어떻게 가격을 좀 절충해서 매도하면 안 될까요?"

"그럼 제가 동업자와 통화를 해볼게요. 나중에 다시 이야기 나누시죠."

경매 고수라는 가상의 제3자를 내세운 이유는 상대의 감정을 좀 누그러트리고, 좀 더 유리하게 상황을 이끌기 위해서다.

"안녕하세요, 사장님. 아 통화를 했는데 무조건 평당 100만 원 이상 받아야 된다고 하세요. 얼마나 고집이 센지, 어휴."

"요즘 경기도 어렵고 하니 사정 좀 봐주세요. 솔직히 평당 100만 원은 너무 비싸잖아요."

"그럼 얼마 정도면 되겠습니까?"

"4천만 원이면 바로 빚져서라도 살게요."

"죄송하지만, 그 가격엔 절대 안 될 겁니다. 세금 납부하면 남는 게 없어요. 그러지 말고 제 이익금을 일부 포기할 테니 5,500만 원에 하시면 어떨까요? 그 가격이면 제 이익금을 포기하고 그분을 설득해볼게요. 사장님 지금 당장 어려우시면 계약금만 주시고 잔금은 1년 뒤에 주세요."

"정말이야? 아이고, 정말 고마워, 동생!"

이때부터 갑자기 나는 친한 동생이 되었다. 원활한 협상을 위해 있지도 않은 공동 투자자를 내세웠지만, 최종적으로 나는 500만 원을 더 깎아 5천만 원에 계약하기로 협의했다. B 소유주를 위한 마음도 있었지만, 양도소득세를 조금이라도 줄이기 위해 일부러 매수한 지 1년이 지난 시점에 잔금을 받았다.

해당 거래를 통해 세전 2,300만 원 정도의 수익이 났고, 거기에 더해 좋은 형님(?)이 생겼다. B 소유주는 이후 주위의 저렴하고 개발이 용이한 토지를 연결해줘서 나에게 엄청난 이득을 안겨준다. 현재는 이분과 제주시 함덕에 있는 2만 평 토지 개발과 관련된 PM을 추진 중이다. 좋은 거래로 수익도 얻고 귀중한 인연도 얻은 것이다.

경쟁 없이
급매물을 노려라

　나의 고향은 제주도다. 제주도에서 부동산 투자를 처음 배웠기 때문에 제주도 물건에 항상 관심이 많다. 지금은 제주도 방방곳곳이 인기가 많지만 나에게 어디에서 살고 싶으냐고 묻는다면 1초의 망설임 없이 중문관광단지 근처라고 대답할 것이다. 중문관광단지 근처는 경매는 물론이거니와 일반 매물도 잘 나오지 않는다. 간혹 덩어리가 큰 것이 나오기는 하지만 자잘한 물건은 보기가 힘들다.

　경매 투자자는 인터넷에서 쉽게 검색할 수 있는 물건만 분석하는 경우가 많다. 누구나 볼 수 있는 인터넷에 경매 물건이 나오면, 전국에 있는 투자자와 경쟁을 해야 하기 때문에 일반 급매물보다 비싸게 낙찰되는 경우가 많다. 경매를 하는 이유는 싸게 사기 위함인데, 급매물보다 비싸게 낙찰받아야 한다면 굳이 경매를 할 이유가 없다.

급매물의 경우 해당 지역에 빠삭해야 하고 발품을 팔아야 한다. 해당 지역 공인중개사무소마다 갖고 있는 물건이 다르기 때문에 발품을 많이 팔아야 좋은 물건을 잡을 수 있다. 같은 동네의 공인중개사무소라 하더라도 갖고 있는 매물이 조금씩 다르고, 정말 좋은 물건은 서로 공유하지 않기도 한다. 왜냐하면 좋은 급매물은 금방 거래되기 때문에 공동 중개를 할 필요가 없고, 또 공동 중개로 물건을 팔면 수수료를 온전히 누릴 수 없다.

입지가 좋은 동네의 물건은 경매로 잘 나오지 않아서 수시로 급매물을 확인해야 한다. 그래야 괜찮은 물건이 좋은 가격에 나오면 바로 잡을 수 있다. 굳이 경매만 고집할 필요가 없는 것이다.

인터넷에서 찾은 급매물 소형 토지

요즘에는 인터넷의 발달로 지역 커뮤니티에서도 부동산 매물이 올라오곤 하는데, 그런 물건도 잘만 고르면 경매보다 훨씬 경쟁력 있는 가

급매물 소형 토지 D의 사진

격에 매수할 수 있다. 지금 소개하는 사례가 그런 사례다.

제주 지역 부동산 커뮤니티를 둘러보다가 중문관광단지 근처 소형 토지 D가 매물로 나온 것을 발견했다. 51평의 작고 네모반듯한 토지로 2차선 도로변에 붙은 정말 탐나는 물건이었다.

문제는 가격이 비쌌다. 51평의 토지가 2억 3천만 원(평당 450만 원)에 나온 것이다. 그럼에도 댓글이 20개 이상 달릴 정도로 관심이 뜨거웠다. 아쉬웠지만 가격이 높아 일단은 넘기고 시간이 지나가길 기다렸다. 쫓기듯이 거래하면 손해를 볼 수 있기에 기다림이 필요했다. 물론 기다리는 도중에 다른 사람에게 팔릴 수 있다. 그런 부동산은 나와 인

연이 없는 것이라 판단하고 잊으면 된다.

그렇게 한두 달이 지나고 제주도에 일이 있어 갔다가 우연히 중문관광단지를 지나가게 되었다. 마침 이 물건이 생각이 나서 물건을 올린 중개인에게 전화를 걸었다.

"안녕하세요, 몇 달 전에 중문관광단지 근처에 땅을 내놓으셨죠? 51평짜리 토지 아직 남아 있나요?"

"네, 아직 안 팔렸습니다."

"2억 3천만 원이면 평당 450만 원인데 좀 비싸네요. 절충 가능할까요?"

"네, 절충 가능합니다."

"얼마까지 가능한가요?"

"바로 계약하실 거면 평당 410만 원까지 가능합니다. 2억 1천만 원이네요."

"네, 알겠습니다. 현장 확인하고 다시 전화할게요."

첫술에 배부를 수 없다. 나는 협상할 때 우선 1차로 가볍게 운을 떼고, 현장에 가서 최대한 흠을 잡아서 2차로 협의하는 편이다. 해당 토지를 둘러보니 흠잡을 게 별로 없었다. 그래도 어떻게라도 흠을 잡아야 했기에 옆에 있는 폐가를 언급하고, 앞에 있는 건물이 한라산 조망을 조금 가린다고 지적했다.

"지금 그 땅을 보고 있는데 옆에 폐가가 있고, 앞에 있는 건물 때문에 조망이 좀 나쁘네요. 그리고 대출을 알아보니 별로 나오지 않는다고 해서요. 제가 돈이 많지 않아 이 가격에는 어려울 것 같습니다."

"그럼 얼마까지 원하시나요?"

"1억 8천만 원(평당 350만 원) 정도는 되어야 살 수 있을 것 같아요."

"토지주와 상의하고 연락할게요."

"네, 그러세요."

몇 분 뒤에 다시 전화가 온다.

"토지주께서 그 가격에는 그냥 안 판다고 하시네요."

"그럼 얼마까지 최대 조정이 됩니까?"

"2억 원까지 가능할 듯합니다."

"2억 원은 저도 힘들어서요. 토지주께 전해주세요. 1억 9천만 원에 파신다면 거래하고, 아니면 저도 못 산다고요."

"알겠습니다."

1분 뒤에 다시 전화가 온다.

"토지주께서 1억 9천만 원은 힘들다고 하시는데요. 그냥 두 분
다 반씩 양보해서 1억 9,500만 원에 하시죠. 그게 낫지 않겠습니
까? 아시다시피 네모반듯하고 작은 토지는 귀한 물건입니다."

"음, 1억 9,500만 원에 계약하려면 중개보수는 제가 따로 안 드려
도 괜찮지요?"

"네? 아, 네. 그렇게 하시죠."

"알겠습니다. 바로 계약하시죠."

이렇게 합의를 하고 토지를 매수하기로 했다. 참고로 통화한 중개인
은 공인중개사가 아닌 그냥 일반인이기에 중개보수를 따로 주지 않겠
다고 했다. 어차피 매도인에게 최소 수백만 원은 받을 것이다.

시간을 보니 비행기 시간이 2시간밖에 남지 않았다. 중문에서 제주
시로 넘어가면서 제주법원 앞에 있는 법무사무소에 전화를 걸어 계약
서 작성을 부탁하고 나는 사인만 했다. 나중에 매도인이 와서 도장을
찍고 계약서는 우편으로 보내주기로 했다. 사인을 한 후에 공항에 도착
하니 비행기 시간이 딱 되었다. 그렇게 아슬아슬하게 내가 갖고 싶은
토지를 매수하게 된 것이다.

이후에 이 땅에 무엇을 하면 좋을지 고민했다. 4층짜리 상가주택을

●○ 제1금융권과 제2금융권의 차이

구분	제1금융권	제2금융권
감독기관	중앙은행	금융감독원
주요 기관	상업은행	저축은행, 신용협동조합, 새마을금고 등
서비스 종류	예금, 대출, 송금 등 종합 금융 서비스	지역 중심, 특수 목적 금융 서비스
이자율	상대적으로 낮음	상대적으로 높음

올리기에는 제주도 건축비가 너무 높아 수익성이 나오지 않았다. 그래서 생각한 것이 단층으로 상가건물을 지어 나만의 사업을 하는 것이다. 만약 사업이 잘 안 된다면 그때 가서 임대를 주면 될 테니 도전해보기로 했다.

대출은 제1금융권인 농협중앙회에서 1억 원을 받았고, 월이자는 약 30만 원 정도가 나왔다. 참고로 토지는 제1금융권보다는 제2금융권에서 더 많이 취급한다. 토지 담보대출의 경우 해당 토지 인근에 있는 제2금융권에서 진행하는 경우가 많다. 일반적으로 제2금융권의 대출 한도가 높지만 그만큼 이자도 높기 때문에, 가능하다면 제1금융권 대출을 이용하는 것이 좋다.

이후에 법무사가 해당 토지는 취득세율 3.4%가 아닌 4.6%가 나온다고 시청에서 답변을 받았다며 나에게 4.6%가 적힌 내역서를 보냈다. 해당 토지의 지목은 '전'이라 농지에 속해서 취득세율 3.4%만 납부하면 될 텐데, 시청은 토지대장 기준이 아닌 현황을 기준으로 판단하므로 4.6%를 내야 한다는 것이다. 현황은 농지가 아닌 잡종지라는 이유 때문이었다.

지방세법 시행령 제13조 내용은 다음과 같다.

부동산, 차량, 기계장비 또는 항공기는 이 영에서 특별한 규정이 있는 경우를 제외하고는 해당 물건을 취득하였을 때의 사실상의 현황에 따라 부과한다. 다만, 취득하였을 때의 사실상 현황이 분명하지 아니한 경우에는 공부(公簿)상의 등재 현황에 따라 부과한다.

그래서 담당자에게 전화를 걸어 내가 땅을 농지로 만들면 농지 취득세율인 3.4%가 적용되는지 물었다. 담당자는 당연히 그렇다고 말했다. 전화를 끊고 바로 제주에 계신 부모님께 전화를 걸어서 주변에 굴착기를 모는 분을 소개해달라고 했다. 토지를 농지로 개간하기 위함이었다.

그런데 토지가 작아서 그냥 제일 작은 굴착기를 빌렸는데, 작업하던 중에 큰 돌이 많이 나와서 큰 굴착기가 필요해졌다. 비용이 작은 굴착기는 15만 원이고, 큰 굴착기는 25만 원이었는데 돈을 아끼려다가 오히려 더 든 것이다.

개간 작업을 진행하고, 법무사에게 취득세율을 정정해달라고 문자를 보냈다. 결국 내가 원하는 대로 3.4% 세율이 적용되었고, 그렇게 취득세 200만 원을 아끼게 되었다. 다른 사람이라면 법무사가 정해주는 대로 4.6%를 아무 말 없이 내겠지만 나는 항상 방법은 있다고 생각했고, 결과적으로 200만 원을 아꼈다.

취득세를 납부하고 이후 밑져야 본전이라는 심정으로 매물을 여러 곳에 내놨다. 왜냐하면 어느 정도 차익이 나오면 이 돈으로 다른 곳에 투자하는 게 낫다는 생각이 들었다. 만약 안 팔리면 예정대로 단층 상가건물을 건설할 계획이었다.

무엇보다 궁금했다. 이전 주인은 수개월간 팔지 못한 땅을 나는 과연 얼마 만에 팔 수 있을까? 부동산은 사기는 쉬워도 팔기는 어려운 상품이다. 특히 상대적으로 손바꿈이 적은 토지는 더욱 어렵다.

결과적으로 나는 등기권리증이 집에 도착하기도 전에 해당 토지를 팔았다. 당연히 내가 매입한 금액에서 짭짤한 차액을 남기고 말이다. 한 달 만에 소위 '단타'를 친 셈이다. 주식뿐만 아니라 토지도 이렇게 단타가 가능하다. 이러한 방식으로 종잣돈을 빠르게 불릴 수 있다. 이후 다시 매물을 확인해보니, 훨씬 비싼 가격에 매물이 올라온 것을 확인했다.

참고로 부동산 개발을 위해 제주에 위치한 3천 평의 토지 E를 매입할 때도 비슷한 일이 있었다. 51억 원에 매입했는데 지목은 '전'이었지만 잡초가 우거져 현황은 농지가 아니었다. 매매가가 큰 만큼 취득세율 1.2%의 차이를 무시할 수 없었다.

확인 24.06.17 | 토지   ⌂ 허위매물신고 🖨인쇄 ☆

전

[매매 2억 7,030 (526만원/3.3㎡)]

지목: 전 | 田 제2종일반주거지역   대지/연 면적: 170㎡

| 매물정보 | 사진 | | ↻평 |

소재지	제주도 서귀포시 대포동		
매물특징	-		
대지면적	170㎡		
융자금	없음	용도지역	제2종일반주거지역
현재용도	-	추천용도	-
국토이용	해당	도시계획	
건축허가	-	토지거래허가구역	-
진입도로	있음	매물번호	2429606725

급매물 소형 토지 D의 최근 시세

당연히 법무사는 취득세율 4.6%로 계산해 내역서를 보냈고, 나는 곧
바로 굴착기 한 대를 빌려 토지를 갈아엎었다. 이후 토지 E의 취득세율
은 3.4%로 계산되어 1.2%의 세율을 아낄 수 있었다. 이 밖에 83억 원
짜리 토지도 같은 방법으로 세율을 아낀 바 있다.

이래서 작은 경험이 중요한 것이다. 앞서 중문관광단지 토지에서 교
훈을 얻었기에 여러 투자에서 많은 세금을 아낄 수 있었다.

3천 평 토지 E의 취득 당시 사진

3천 평 토지 E의 개간 후 사진

제3장

다양한 사례로 보는
소액 토지 투자 ②

"위험은 자신이 무엇을 하는지

모르는 데서 온다."

_워런 버핏

유치권 토지
투자

　이번에 소개할 부동산은 강원도 평창에 있는 토지 F다. 이 토지에 관심을 가진 이유는 향후 개통될 평창역과 불과 2km밖에 떨어져 있지 않았고, 서울대학교 평창캠퍼스와 금당산이 병풍처럼 펼쳐져 있어 전원주택지로 안성맞춤이었기 때문이다. 토지 F는 4개의 필지로 각각 개별 경매로 나왔는데, 그중 2개의 필지에 관심을 갖고 현장 조사를 하러 평창에 갔다.

　뜨거운 뙤약볕이 내리쬐는 날씨였지만 평창은 해발 600m 고지에 위치해 있어 그런지 그렇게 덥지는 않았다. 이 물건은 주의사항에 '유치권'이라고 쓰여 있었다. 유치권자가 콘크리트 옹벽 및 토목공사 대금으로 1억 6천만 원에 대해 유치권을 행사 중이라는 것이다. 누군가 유치권을 주장하는 토지는 어느 정도 주의가 필요하다.

유치권은 쉽게 말해 채권자가 물건에 관해 생긴 채권을 변제받을 때까지 그 물건의 반환을 거절할 수 있는 권리다. 또한 유치권자는 채권을 회수하기 위해 점유하고 있는 목적물을 경매할 수도 있다. 중요한 것은 유치권자가 있다고 해서 유치권이 전부 인정되는 것은 아니란 점이다.

유치권 토지 투자 노하우

유치권이 인정될 경우 채권을 변제받을 때까지 해당 물건이나 유가증권을 유치할 수 있는 권리가 주어진다. 유치권자는 해당 토지에 공사를 진행했기 때문에 그 비용을 받을 때까지 점유하겠다고 주장했다. 하지만 유치권을 행사하려면 몇 가지 요건을 충족해야 하는데 그중에서 가장 중요한 요건은 '점유'를 해야 한다는 것이다(민법 제320조 2항).

직접점유이든 간접점유이든 제3자가 출입을 하지 못하도록 해야 되는데 토지 F의 경우 제대로 점유하고 있지 않았다. 펜스도 띄엄띄엄 설

유치권 토지 F의 사진. 유치권이 아닌 위치권이란 표현이 눈에 띈다.

치되어 있고, 컨테이너를 하나 갖다 놓은 것이 다였다. 해당 토지에 출입하는 데 아무 문제가 없었다. 또 대법원 판례를 보면 '사회통념상 독립한 건물이라고 볼 수 없는 정착물을 토지에 설치한 상태에서 공사가 중단된 경우에는 그 정착물은 토지의 부합물에 불과하여 유치권을 행사할 수 없다'라고 나와 있다(대법원 2013다2474판결).

즉 사회통념상 독립한 건물은 기둥과 벽, 지붕이 있어야 하는데 토지

사진처럼 유치권 토지 F에는 아무나 출입할 수 있다.

F의 경우 약간의 토목공사와 옹벽이 있는 것이 전부였다. 이 때문에 유치권이 성립하지 않는다고 판단했다. 즉 유치권자는 제3자인 낙찰자에게 대항할 수 없는 상태였다.

물건을 확인한 다음 날 입찰을 하러 강원도 영월지원까지 내려갔다. 그날 입찰할 물건이 많이 없어서 사람이 별로 없을 것이라 생각했다. 하지만 내 착각이었다. 법원은 생각보다 사람들로 붐볐다. 뭐 눈에는 뭐만 보인다고, 거기 있는 모든 사람이 내가 입찰할 물건의 경쟁자로 보였다. 그래서 원래 생각했던 가격보다 좀 더 높게 썼다.

결과는 단독입찰이었다. 토지 F를 포함해 2건을 입찰했는데 2건 다 단독입찰이었다. 더 웃긴 것은 그날 낙찰된 물건 대부분이 단독입찰이

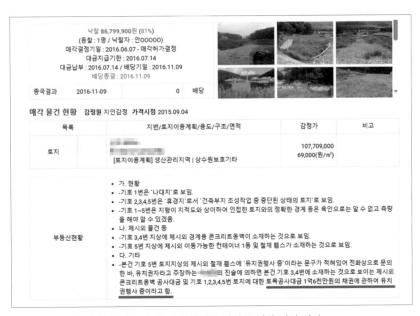

낙찰 86,799,900원 (81%)			
(응찰 : 1명 / 낙찰자 : 안○○○○○)			
매각결정기일 : 2016.06.07 - 매각허가결정			
대금지급기한 : 2016.07.14			
대금납부 : 2016.07.14 / 배당기일 : 2016.11.09			
배당종결 : 2016.11.09			

| 종국결과 | 2016-11-09 | 0 | 배당 |

매각 물건 현황 감정원 지인감정 가격시점 2015.09.04

목록	지번/토지이용계획/용도/구조/면적	감정가	비고
토지	▨▨▨ [토지이용계획] 생산관리지역	상수원보호기타	107,709,000 69,000(원/㎡)	
부동산현황	• 가. 현황 • -기호 1번은 '나대지'로 보임. • -기호 2,3,4,5번은 '휴경지'로서 '건축부지 조성작업 중 중단된 상태의 토지'로 보임. • -기호 1~5번은 지형이 지적도와 상이하여 인접한 토지와의 정확한 경계 등은 육안으로는 알 수 없고 측량을 해야 알 수 있겠음. • 나. 제시외 물건 등 • -기호 3,4번 지상에 제시외 경계용 콘크리트옹벽이 소재하는 것으로 보임. • -기호 5번 지상에 제시외 이동가능한 컨테이너 1동 및 철재 휀스가 소재하는 것으로 보임. • 다. 기타 • -본건 기호 5번 토지지상의 제시외 철재 휀스에 '유치권행사 중'이라는 문구가 적혀있어 전화상으로 문의한 바, 유치권자라고 주장하는 ▨▨▨의 진술에 의하면 본건 기호 3,4번에 소재하는 것으로 보이는 제시외 콘크리트옹벽 공사대금 및 기호 1,2,3,4,5번 토지에 대한 토목공사대금 1억6천만원의 채권에 관하여 유치권행사 중이라고 함.		

낙찰받은 토지 F의 현황 정보. 누군가 유치권을 행사 중이라 적혀 있다.

었다. 다른 낙찰자도 이 결과를 보고 어이없는 웃음을 지었다. 그래도 낙찰가가 저렴했단 점에서 위안을 삼았다. 만약 내가 입찰하지 않고 한 번 더 기다렸다면 1,500만 원은 절감했을 텐데 아쉽기는 했다.

2개의 필지를 낙찰받았는데, 하나는 토지 F였고 하나는 35평 맹지였다. 맹지의 경우 생긴 것도 삼각형이라 쓸모가 없어 보여서 일부러 잔금을 납부하지 않았다. 유찰이 여러 번 될 것이라 생각해 보증금 70만 원을 포기하고 더 저렴하게 입찰할 계획이었다. 그런데 누군가 이 토지를 낙찰받아가는 것이 아닌가? 왜 낙찰받았는지는 아직도 궁금하다.

그렇게 보증금 70만 원을 날려야 했다.

　토지 F의 당시 시세는 평당 25만 원이었는데 나는 평당 19만 원에 낙찰받았다. 참고로 나를 포함해 3명의 공동명의로 입찰했다. 그 이유는 차후 원활히 팔기 위해 토지를 3필지로 분할할 계획이었고, 또 양도세를 절감하고 싶었기 때문이다. 공동명의 3명은 나와 아내, 그리고 장인어른이었다. 토지 F는 유치권 신고가 되어 있어 법적으로 문제를 해결하기 전에는 은행권 대출이 쉽지 않았다. 물론 제2금융권에서 높은 금리로 받을 수는 있지만, 유치권자에 대한 법원의 인도명령결정문만 받으면 제1금융권에서도 대출이 가능했다.

　당시에 장인어른께서는 4천만 원 정도의 종잣돈이 있었는데, 그 돈을 은행 예금으로 굴리는 상태였다. 알다시피 은행 금리가 쥐꼬리만 하기 때문에 나는 장인어른께 투자를 제안했다. 토지 F를 낙찰할 때 그 돈을 투입하면 2년 뒤에 이자로 1천만 원을 드리겠다고 약속한 것이다. 감사하게도 장인어른께서 나를 믿고 투자를 해주셨다.

　그렇게 잔금을 납부한 후에 바로 유치권자를 대상으로 인도명령 신청을 전자소송으로 진행했다. 인도명령이란 말 그대로 해당 부동산을 인도하라는, 즉 비워달라는 것이다. 인도명령은 공매에는 없고 법원 경매에만 있는 것으로 잔금 납부 후 6개월 안에 신청이 가능하다. 또한 신청하고 나서 보통 한 달 안에 결정이 나기 때문에 6개월 정도 걸리는 명도소송보다 시간이 훨씬 단축되어서 편하다.

인터넷 전자소송으로 간편하게 인도명령 소송을 진행했는데, 유치권자에 대해 아는 것은 이름과 전화번호밖에 없었다. 전화번호는 유치권자가 친절히도 펜스에 적어놔서 알게 되었다. 하지만 주소는 모르는 상태였기 때문에 법원에서 주소를 보정하라는 보정명령이 떨어졌다. 보정명령을 받고 나서 일주일 안에 주소보정 신청을 하지 않으면 사건이 그냥 종결될 수 있다.

이때 이동통신사를 상대로 사실조회 신청을 통해 유치권자의 인적사항을 조회할 수 있다. 보정명령서와 사실조회에 나타난 주민등록번호만 있으면 행정복지센터에서 상대방에 대한 주민등록초본을 열람할 수 있다.

참고로 전자소송을 진행하면 인터넷으로 편하게 사건기록 열람을 할 수 있어서 법원에 일일이 다닐 필요가 없다. 그런데 주소보정명령이 집으로 우편으로 날아오니 느낌이 살짝 안 좋았다. 왜냐하면 전자소송을 진행하게 되면 이러한 보정명령도 우편이 아닌 인터넷으로 열람하라고 문자가 오기 때문이다. 그런데 이번 경우에는 문자가 아닌 우편으로 왔다. 전자소송 사이트에 들어가서 진행 중인 사건을 검색해보니 내가 진행하는 인도명령 사건이 검색되지 않았다.

해당 법원 경매계장에게 전화를 걸어 위의 내용을 말했더니, 그러면 어쩔 수 없이 직접 법원에 와서 사건기록 열람을 하고 주소보정신청을 하라는 답변을 들었다. 우리 집에서 영월지원까지는 3시간 거리인데,

왕복 6시간 거리를 오가라니 순간 정말 짜증이 났다. 이 경우 독자 여러분은 어떻게 할 것인가? 법원 경매계장의 말대로 "네, 알겠습니다!" 하고 달려갈 것인가?

나는 바로 전자소송 사이트 콜센터에 전화를 했다. 자초지정을 설명하고 해당 상담원과 30분 정도 입씨름하며 해결책을 얻어냈다. 전자소송 사이트에 들어가면 '나의 전자소송'이란 메뉴가 있는데, 거기서 전자소송 사건 등록을 하면 된다는 것이다. 이때 전자소송 발급번호를 해당 법원에 문의해서 알아내면 쉽게 등록이 된다고 했다. 그래서 다시 해당 법원 경매계장에게 전화를 걸었다.

> "계장님, 제가 콜센터에 전화를 하니까 전자소송 발급번호를 알면 인터넷으로 볼 수 있다는데요?"
> "뭐라고요? 전자소송 발급번호? 그게 뭐지?"
> "다시 한번 제대로 확인해주세요. 전자소송 발급번호가 무조건 있대요."
> "아, 여기 있네요."

그렇게 전자소송 발급번호를 얻고 '나의 전자소송' 메뉴에 들어가서 입력하니 사건기록 열람이 가능했다. 그곳에서 통신사가 보낸 회신서를 확인했다. 회신서를 출력하고 행정복지센터에 가서 유치권자에 대

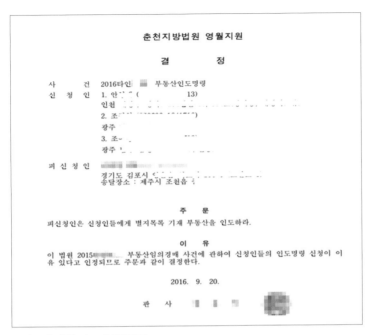

춘천지방법원 영월지원

결　　　정

사　　　건　　2016타인 ▇ 부동산인도명령
신　청　인　　1. 안▇▇ (　　　　　13)
　　　　　　　인천 ▇▇▇▇▇▇▇▇▇▇▇▇
　　　　　　　2. 조▇▇ (▇▇▇▇▇ ▇▇▇▇▇)
　　　　　　　광주 ▇▇▇▇▇▇▇▇▇▇
　　　　　　　3. 조▇ ▇▇▇▇
　　　　　　　광주 ▇▇▇ ▇▇▇▇▇
피　신　청　인　　▇▇▇ ▇▇▇ ▇▇▇▇▇▇
　　　　　　　경기도 김포시 ▇▇▇▇▇▇▇▇▇▇▇
　　　　　　　송달장소 : 제주시 조천읍 ▇

주　　　문

피신청인은 신청인들에게 별지목록 기재 부동산을 인도하라.

이　　　유

이 법원 2015▇▇▇▇ 부동산임의경매 사건에 관하여 신청인들의 인도명령 신청이 이
유 있다고 인정되므로 주문과 같이 결정한다.

2016.　9.　20.

판　　사　　▇ ▇ ▇▇　　　▇▇

토지 F에 대한 인도명령결정문

한 주민등록초본을 발급받았다. 그리고 초본에 나온 현주소로 주소보
정서를 제출했다.

　이후에 법원에서 유치권자의 유치권이 성립하지 않는다는 인도명령
결정문이 나왔다. 이 결정문을 가지고 제1금융권인 농협중앙회에 가서
3% 초반으로 낙찰가의 80%인 6,900만 원 대출을 받았다.

　낙찰가 8,680만 원과 등기비 300만 원에서 대출 6,900만 원(월이자
21만 원)을 제하면, 소요되는 투자금은 2,080만 원이다. 여기에 장인어

른께서 4천만 원을 투자하셨으니 오히려 약 2천만 원 정도 돈이 남게 되었다. 이 돈을 가지고 다른 더 좋은 물건에 투자를 했다.

토지 F의 현재 시세는 평당 30만 원에서 35만 원이다. 평당 30만 원을 기준으로 잡으면 매매가가 1억 4천만 원이니 차익은 5,300만 원에 달한다. 평당 35만 원이 기준일 때는 매매가 1억 6,500만 원이니 차익은 7,800만 원에 달한다.

참고로 해당 토지는 1필지로 팔기에는 땅 규모가 조금 커서 매수자가 별로 없기에 3필지로 분할하기로 하고 토목업체에 의뢰를 맡겼다. 소유자가 3명이기 때문에 3필지로 분할하는 것은 아주 간단했다. 평균 1필지당 150~160평 정도로 분할이 가능했다. 분할 신청 전에 분할계획도면을 인터넷에 뿌렸다. 반응은 어느 정도 있었지만 곧바로 매수하겠다는 분은 없었다.

매수 희망자가 없으니 굳이 돈을 들여서 분할 신청을 할 필요는 없어 보였다. 그래서 다른 방법으로 매도하기로 했다. 내가 하자(유치권) 있는 물건을 사서 하자 부분을 해결했으니, 다시 정상적인 물건으로 경매 시장에 내놓으면 좋겠다는 생각이 들었다. 어차피 2년 이상 보유했기 때문에 양도소득세도 기본 세율이 적용될 터였다. 그렇게 내 토지에 근저당권을 설정하고, 임의경매 신청을 했다.

감정가는 평당 약 37만 원 정도로 잘 나왔지만, 한 차례 유찰 상태까지 가게 되었다. 당시 토지 F 바로 위에 있는 토지의 소유주와 연락을 하고 있었는데, 이분도 경매로 저렴하게 토지를 낙찰받은 분이었다. 젊은 나이에 해당 토지에 직접 농사를 짓기 위해 귀농한 분으로, 내 토지에 관심이 있었지만 금전적인 여유가 없어 계약이 이뤄지지는 못했다. 때마침 1회 유찰된 후에 해당 토지주에게 연락이 왔다.

"안녕하세요, 오랜만이에요. 토지 F 경매 진행되는 것을 확인하고 전화드렸어요."

"네, 잘 지내시죠? 만약에 이번에도 유찰되면 그냥 경매 취하하려고요."

"아, 그러시군요. 혹시 경매 취하하고 제 아는 지인에게 파실 생각 없으실까요? 지인이 세컨하우스 용도로 평창에 땅을 찾고 있거든요. 가격만 맞으면 사실 것 같아서요."

"저야 좋죠! 그치만 가격은 최소 평당 30만 원은 주셔야 됩니다. 계약 체결 후에 계약금 10%를 받고 경매를 취하할 수 있어요."

"네, 알겠습니다. 그분하고 연락해볼게요."

그리고 일주일이 지났지만, 아무런 소식이 없어서 전화를 걸었다.

"안녕하세요. 연락이 없으셔서 궁금해서 연락드렸습니다."

"그렇지 않아도 연락드리려고 했는데 그분이 어렵겠다고 하시네요. 혹시 저한테 조금 저렴하게 파실 생각은 없으신가요?"

"저렴하게면 어느 정도일까요? 아시다시피 저희도 3명이서 공동투자한 건이라 혼자 결정을 못해서요."

"지금 한 번 유찰된 최저가가 1억 2천만 원인데 그 정도면 좋을 것 같습니다. 마침 농업인대출을 1%대로 받을 수 있어서요."

"흠, 우선 알겠습니다."

그리고 며칠이 지났고, 1회 유찰된 토지의 2회 입찰기일이 이틀 앞으로 다가왔다. 이때까지 일부러 상대에게 전화를 걸지 않았다. 왜냐하면 내가 급하지 않다는 것을 보여줘야 협상에 유리했기 때문이다. 이번에는 반대로 상대가 나에게 먼저 전화를 걸었다.

"안녕하세요. 아직 연락이 없으셔서 전화드렸습니다."

"아 제가 연락드리는 걸 깜빡했네요. 다른 투자자와 얘기해봤는데 그 가격에는 안 파신다고 하시네요. 이번에 입찰 결과를 보고 입찰자가 없으면 그냥 취하해서 계속 보유하려고요."

"그럼, 이렇게 하시면 어떨까요? 1억 2,500만 원에 합의를 보는 건요?"

사실 이번에 유찰이 또 된다면 복잡해질 수 있는 상황이었다. 유찰이 반복되면 가격이 내려갈 수 있기 때문에 이쯤에서 합의를 보고 1억 2,500만 원에 팔게 되었다. 입찰 하루 전에 취하서를 제출하고 마무리를 지었다.

후일담을 이야기하자면 그 이후에 경찰서에서 갑자기 전화가 왔다. 일전의 유치권자가 나를 신고한 것인데, 이유는 해당 토지 위에 있는 펜스와 컨테이너가 갑자기 사라졌다는 것이다. 나를 의심해서 신고한 것인데 내가 한 일이 아니기 때문에 당연히 무혐의로 마무리되었다. 치우는 것도 비용인데 누군지는 몰라도 고맙게 치워줬다.

법정지상권
토지 투자

　나는 예전부터 강원도가 저평가된 부분이 있다고 생각해 좋은 물건이 나오면 하나둘씩 사 모았다. 강원도는 광주원주고속도로와 동서고속도로가 개통되었고, 서울역에서 강릉까지 KTX가 지나간다. 몇 년 뒤에 경강선 전철이 서원주역까지 연결된다면 교통 접근성은 더욱 향상될 것이다. 경강선이 개통되면 강원권에서 유일하게 판교와 강남으로 직결되는 노선을 갖추게 될 예정이다. 또한 원주는 서울 삼성역으로 이어지는 GTX-D의 정차도 추진되고 있어 지역 가치가 크게 올라갈

●○ 인천~강릉 고속철도 노선

것으로 기대된다.

강원도 땅의 경우 주로 경매와 공매로 낙찰을 받았는데, 이번에는 그 중에서도 경매로 낙찰받은 토지 G를 소개하겠다.

무피 투자로 1억 원 벌기

앞서 '소액 고물상 토지'에서 잠깐 언급했던 사례다. 좀 더 보충 설명을 하자면 경매로 나온 토지는 원주기업도시와 바로 근접해 있고, 광주원주고속도로 근처에 있어 수도권 접근성이 좋았다. 또한 서원주역까지 3km 정도 떨어져 있어 향후 서원주역이 완공되고 KTX와 경강선 전철이 지나가면 가치가 크게 오를 것이라 확신했다.

경매에 나온 토지는 도로에서 조금 벗어난 곳에 위치했는데, 2필지가 개별경매로 나와 감정가는 총 1억 7천만 원 정도였다. 두 번 유찰되기를 기다렸는데 다행히 그때까지 아무도 입찰하지 않았다. 당시 이 땅에는 모 종교시설의 건물이 있었는데, 법정지상권 문제가 걸려 있어 아무도 입찰을 하지 않았다. 법정지상권이 성립할 경우 토지주는 건물을 30년간 철거하지 못한다. 반대로 법정지상권이 성립하지 않으면 토지주는 건물을 철거를 할 수 있는 권리를 갖게 된다. 이번 사례는 법정지상권이 성립하지 않아서 투자를 결심했다.

재미있는 사실은 모 종교시설의 건물이 수개월 전에 경매로 먼저 나왔고, 누군가 단독으로 낙찰을 받아간 것이다. 감정가 8천만 원짜리를 약 1천만 원에 낙찰을 받아갔다. 건물만 나온 것이고, 법정지상권이 성립하지 않는 이 물건을 왜 낙찰을 받았는지 당시에는 이해가 가질 않았다(차후에 알게 된 것이지만 건물 낙찰자는 전소유자와 지인 관계였다).

토지의 경우 목표대로 2번 유찰이 되었기 때문에 입찰을 결심하고 하루 종일 얼마를 쓸지 정말 고민을 많이 했다. 왜냐하면 위치가 너무 괜찮았고, 차후 원주기업도시에 아파트가 입주하고 서원주역이 개통하면 가치가 크게 높아질 것이라는 확신이 들었기 때문이다. 절대로 놓쳐서는 안 되는 물건이었다. 내가 입찰하려는 물건은 2개였다. 1개 필지는 감정가 1억 4,400만 원의 272평짜리 토지 G인데, 2번 유찰되면서 7,050만 원까지 가격이 내려왔다. 다른 1필지는 앞서 '소액 고물상 토

토지 G의 입찰 정보

지'에서 다룬 고물상 토지다.

원주지원에 가서 입찰을 했는데, 이때 내가 실수한 부분은 272평짜리 토지 G를 아내와 공동입찰하지 않은 것이다. 시간이 부족해서 실수로 토지 G가 아닌 43평짜리 작은 고물상 토지를 공동명의로 입찰해버렸다. 단독명의일 때와 공동명의일 때의 양도소득세 차이가 웬만한 외제차 한 대 가격이기 때문에 뼈아픈 실수였다. 입찰 결과 2:1의 경쟁률이었지만 내가 낙찰을 받았다.

낙찰가는 8,200만 원으로 평당 30만 원이었다. 당시 시세가 평당

50만~60만 원 정도였으니 낙찰 즉시 약 2배의 차익을 거둔 셈이다. 농지인 경우 낙찰을 받은 후에 농지취득자격증명원을 읍면사무소에 신청한 후 법원에 제출해야 한다. 하지만 토지 G의 경우 모 종교시설 건물이 있어 반려될 가능성이 컸다.

낙찰 이후 지정면사무소는 농지취득자격증명원이 필요 없다고 통보했다가 갑자기 법원에 농지취득자격증명원이 필요하다고 통보하며 입장을 바꿨다(차후 알게 된 것은 전소유자의 민원 때문이라고 한다). 다행히 법원에서는 이를 받아들이지 않았다. 왜냐하면 이미 매각허가결정이 난 후였기 때문이다. 매각허가결정은 낙찰받은 후 일주일이 지나면 법원에서 선고한다.

이제 매각허가결정도 났으니 앞으로 해야 할 일은 3가지였다. 첫 번째, 대출 없이 잔금을 납부해야 했다. 법정지상권이 걸린 토지라 대출이 힘들기 때문이다. 두 번째, 건물 소유자를 대상으로 건물철거소송을 제기해야 했다. 세 번째, 그 건물에 점유하고 있는 종교인들을 내보내야 했다.

우선 첫 번째 문제부터 해결해야 했는데, 유치권과 법정지상권 문제가 있는 특수물건은 제2금융권을 이용해야 했다. 토지 G는 제2금융권인 단위농협에서 낙찰가의 70%를 대출해준다고 했지만 이자와 법무사비가 높아 그냥 대출 없이 잔금을 납부했다. 어차피 건물 문제만 해결된다면 제1금융권에서 좋은 조건으로 대출을 받을 수 있으니 이 부분은 찬찬히 고민하기로 했다.

두 번째 문제는 건물 소유자를 상대로 소송을 진행하는 것이다. 건물철거 및 토지 인도 소송의 경우 부동산 소재지에 있는 법원에 소송을 제기해야 하지만, 여기에 지료청구의 소송을 추가하면 원고의 주소지 관할법원에서 소송을 제기할 수가 있다. 즉 내가 거주하고 있는 지역의 법원에서 소송을 진행할 수 있는 것이다. 관할법원의 거리가 멀면 상대방에게 압박을 줄 수 있고, 협상 시 우위를 점할 수 있다. 피고(건물주) 측은 당시 내가 거주하는 지역의 관할법원인 인천지방법원까지 여러 번 오가야 했다.

지료청구의 소를 같이 제기하면 별도로 감정평가를 신청해야 되지만, 나는 소송으로 끝까지 가기보다는 중간에 합의를 보는 쪽을 선호해서 별도로 감정평가를 신청하지 않았다. 물론 감정평가 비용도 무시할 수 없다.

우선 1심 재판 전에 조정명령이 떨어졌다. 조정명령이란 재판 전에 합의를 볼 수 있으면 합의를 하라는 것이다. 조정기일에 피고(건물주) 와 해당 부동산의 전 소유자인 사람도 같이 왔다. 전 소유자가 바로 실질적인 건물주인데, 자기 땅과 집이 경매로 넘어가게 되어서 우선 건물부터 제3자를 내세워서 낙찰을 받은 상황이었다. 토지의 경우 한 번 더 유찰될 줄 알고 입찰하지 않았는데 내가 불쑥 나타나서 낙찰을 받아 곤경에 처했다고 주장했다.

그렇게 법원 조정실 앞에서 서로 간단히 인사만 나누고 조정실 안으로 들어갔다. 조정위원은 한 분이었는데 한 사람씩 의견을 듣고 싶다고 이야기했다. 그래서 각자 의견을 말했고 마지막에 당사자를 모아 다음과 같이 말했다.

  "제가 예전에 원주지원에서 판사로 재직했습니다. 그런데 피고, 이렇게 좋은 원고가 없어요. 원고는 소송을 계속 진행하기보다는 적당히 합의하기를 원하는데 피고 생각은 어떠세요?"
  "저도 합의를 원합니다. 대신 제가 낙찰한 가액 1천만 원은 주셔야 합의를 할 수 있습니다."

  피고는 모 종교시설의 건물을 1천만 원에 낙찰했는데, 앞서 설명했듯이 건물만 나온 것이고 법정지상권이 성립하지 않았다. 합의를 바라지만 건물을 산 비용은 받아야겠다고 주장했다. 조정위원은 황당하다는 듯이 말했다.

  "참나, 아직도 이해가 안 가시나본데요. 이거 법정지상권 인정이 안 되어서 철거될 수도 있고, 원고가 철거시키면 철거비랑 매달 이용한 지료값을 피고가 다 부담해야 합니다. 건물 면적 62평이면 철거비만 족히 1천만 원은 나올 것 같은데, 지금은 원고와 원만하게 합의를 보는 게 제일인 듯합니다. 원고, 원고의 입장을 다시 한번 피고에게 말씀해주세요."

"네, 제 입장은 건물소유권을 무상으로 저에게 이전하는 것이고, 그렇게 된다면 철거비용과 그동안의 지료 등은 일체 요구하지 않겠다는 겁니다."

"몇 백만 원도 아니고 공짜로 넘기라고요? 말도 안 되는 소리를 하시네요!"

이후 조정위원은 피고를 계속 설득하다 나에게 200만 원 정도에 건물을 인수하라고 조언했다. 내가 거절하자 100만 원을 제안했고, 나도 피고도 일단은 알겠다고 수긍했다.

이후 피고는 불만이 있었는지 법원에 이의신청을 제기했고 재판은 원점으로 돌아갔다(조정결정에 대해 이의 제기를 하면, 조정결정은 효력이 없어지고 다시 본재판으로 돌아간다). 이 사건을 진행하면서 별도로 해당 건물을 점유하고 있는 종교인을 내보내기 위해 원주시청에 민원을 지속적으로 넣었다. 현재 건물이 불법적으로 점유되어 쓰이고 있으니 확인 후에 조치를 취해달라는 민원이다. 민원이 접수되고, 시청 공무원이 현장을 방문해 퇴거를 통보했다.

이후에 나도 몇 차례 종교인과 통화해 지역사회에 이러한 일이 소문이 나면 이미지에 안 좋으니 언제까지 나가라고 권고했고, 약속대로 이

제3자가 점유 중인 토지 G 건물 사진

사를 갔다. 물론 이사비는 한 푼도 주지 않았다.

종교인이 나가고 건물 상태를 확인하러 갔는데 다른 제3자가 점유하고 있는 것이 아닌가? 그것도 음식점으로 말이다. 안에서 장사하고 있는 분과 대화를 나눴다. 70~80대 할머니셨는데 내국인이 아니라고 하셨다. 이 말을 듣고 순간 하늘이 노래졌다. 이제까지 명도를 하면서 주민등록이 안 되어 있는 사람은 처음이었다. 다시 새롭게 주민등록을 하고 법적인 절차를 밟아서 내보내게 된다면 생각보다 시간이 소요되고 상황이 복잡해질 수 있다. 이 때문에 현재 소송 중인 건물 소유자와 꼭 합의를 봐야겠다고 마음먹었다.

현장을 확인하고 무거운 마음으로 돌아왔다. 인천지방법원에서 1심

재판이 열렸고, 판사님은 당연히 나의 편을 들어주셨다. 해당 건물이 철거 대상이긴 하지만 지료청구의 소도 같이 제기했기 때문에 지료청구에 필요한 기준에 대해 감정평가를 실시한 후에 판결을 내리기로 하셨다. 예상한 대로였다.

법정에서 나와서 피고와 전 소유자의 얼굴을 보니 표정이 좋지 않았다. 그분들과 근처 카페에 가서 잠시 얘기를 나누기로 했다. 내 입장에서도 이제는 반드시 합의를 봐야 했다. 하지만 절대 그러한 티를 내서는 안 되었다.

"이제 감정평가 신청만 하면 되겠군요. 아, 그러고 보니 피고께서 재산이 좀 많으시던데, 깜짝 놀랐습니다. 차후에 철거비용이랑 지료 등은 피고분 재산에 압류를 걸어놓으면 될 듯합니다."

"언제 그걸 또 조사하셨대요? 서로 좋게 합의를 봅시다."

"저도 합의를 보고 싶습니다. 그런데 저번 조정에서 합의를 했던 100만 원 인수 조건에 이의신청하셨잖아요."

"이제라도 합의가 가능하다면 합의를 봅시다."

나는 우선 합의를 볼 수 없다며 거절했다. 참고로 건물 등기부등본에 나와 있는 피고인의 주소지로 다시 등기부등본을 열람하면 대출이 얼마나 설정되어 있는지 알 수 있다.

이후 다시 차분히 대화를 이어나가자 피고가 적당히 좋은 조건을 내세웠다.

"그럼 이렇게 합시다. 조정결정대로 저희가 100만 원만 받겠습니다. 그런데 어차피 사장님도 이 건물 인수하고 바로 철거할 계획이잖아요? 그렇죠?"

"네, 맞습니다."

"철거비 견적이 750만 원입니다. 제가 건축업 종사자라서요. 알아서 철거할 테니 철거비 750만 원을 추가로 주세요. 만약 돈이 남으면 그 돈은 제가 갖겠습니다."

"알겠습니다. 대신 조건이 있습니다. 제가 며칠 전에 가보니 거기에 식당을 하시는 할머니가 계시던데, 그분도 같이 명도를 한 뒤에 철거를 해주셔야 합니다."

"네, 당연하죠. 명도는 걱정하지 마세요."

"그럼 합의서 작성하시죠. 며칠 뒤에 원주지원 등기과에서 제가 100만 원을 드리고 그 자리에서 바로 건물 소유권 이전을 하시죠."

"좋습니다."

"철거비용 750만 원은 이후에 철거를 확인하고 드릴게요."

"그러시죠."

이렇게 합의를 보고, 며칠 뒤 약속대로 100만 원을 드리고 건물 소유권을 가지고 왔다. 토지를 취득하고 6개월이 지난 시점이었다. 당연히 소송은 취하를 했다.

일을 해결하고 은행 대출을 알아보니 제1금융권인 농협중앙회에서 7,600만 원을 2.9% 고정금리로 대출을 해줄 수 있다고 했고, 단위농협에서도 1억 원을 3.8% 고정금리로 대출해줄 수 있다고 했다. 다만 건물을 철거한 뒤에 가능하다는 조건이 붙었다. 철거한 나대지 상태에서 감정평가가 더 높게 나온다고 했다. 원래는 건물이 있어야 감정평가가 높게 나오지만, 해당 건물은 가치를 정확히 측정하기 어려운 형태의 건물이었다.

그러던 중 피고한테서 연락이 왔다. 마을 주민 한 분이 토지 G를 매수하고 싶다며 내가 산 가격에서 6천만 원을 더 주겠다고 했다. 대신 철거비 750만 원을 소개비로 달라는 조건이었다. 잠시 고민을 해봤다. 어차피 철거비는 나갈 돈이고 철거비를 빼더라도 5천만 원 정도의 단기 차익을 얻을 수 있는 기회였다. 하지만 세금 문제 때문에 거절을 했다. 이후에도 피고는 계속 팔라며 전화했지만 세금 문제가 있으니 거절해야 했다. 다행히 장사를 하시던 할머니는 조용히 다른 곳으로 이사를 가셨고, 건물 철거도 말끔하게 마무리되었다. 철거가 된 것을 확인한 뒤에 바로 750만 원을 보냈는데, 상대는 생각보다 철거비가 더 나왔다며 추가금을 달라고 트집을 잡았다. 나는 당연히 무시했다.

허허벌판이었던 원주기업도시의 전경

    토지 G를 취득할 당시 원주기업도시의 전경 사진을 보라. 그때는 이처럼 허허벌판이었다. 어느 순간 아파트가 올라가고 개발이 마무리되면서 지금의 위용을 갖추게 된 것이다. 원주기업도시 분양 당시 1군 브랜드 아파트는 경쟁률이 치열했지만 하위 브랜드는 미분양이 났다. 원주기업도시의 유망함을 믿고 있었던 나는 망설임 없이 미분양 물건 몇 채를 주웠다. 당시 24평의 분양가는 확장비 포함해 1억 7천만 원으로, 입주 후 2억 8천만~2억 9천만 원까지 상승했다. 최근에는 부동산 경기 침체로 2억 3천만 원대까지 내려오긴 했다.

    토지 G의 투자금을 계산해보면 이렇다. 낙찰가 8,200만 원에 등기비 380만 원, 기타 소요 비용 850만 원을 더하고, 대출 7,600만 원을 제하면 투자금은 1,830만 원이 들었다. 이후 제1금융권에서 1억 4천만 원 대출을 받아 투자금은 모두 회수했다. 결과적으로 투자금 없이 투자했으므로 수익률은 가늠할 수가 없다.

후일담을 풀자면, 원주기업도시에 외국계 대형마트인 '코스트코'가 들어온다는 소문이 퍼졌다. 원주 맘카페에서 먼저 소문이 났는데 코스트코 한국지사장이 원주기업도시를 둘러보고 갔다더라, 사장의 결재만 남았다더라 하는 소문이 났다. 호재가 퍼지자 공인중개사무소는 나에게 전화를 걸어서 몇 번이나 2억 5천만 원 정도에 팔아보자고 설득을 했다. 나는 정말로 코스트코가 들어올 것이란 생각이 들어서 거절했다. 보유한 지 2년이 되지 않아 매각을 하면 양도소득세가 많이 나오기 때문에 팔지 못한 것도 있다.

아쉽게도 얼마 뒤 코스트코 입점은 무산되었고 2억 5천만 원을 제안했던 공인중개사도 이제 그 가격은 어렵다고 했다. 그때는 내가 부동산 개발업을 배우기 전이라, 신도시 근처면 무조건 땅값이 오를 것이라 생각했다. 토지 G는 주변에 창고나 일반 단독주택이 혼재해 있어 땅값이 크게 오를 만한 유인이 적었다. 안목이 부족한 그때는 그 사실이 보이지 않았다.

또 272평에서 약 70평 정도가 도로에 편입되어 있어 실질적으로 쓸 수 있는 토지 면적은 200평밖에 되지 않았다. 그래서 좀처럼 매수자가 붙지 않았고, 가치를 알아보기 위해 근저당권을 설정해서 임의경매를 진행해봤다. 낙찰가가 마음에 들지 않으면 바로 취하해버리면 그만이었다.

이후 2억 원에 낙찰이 되었는데, 당시 제주에서 개발업으로 많은 돈을 벌고 있어서 작은 돈에 연연하지 않았다. 그냥 취하하지 않고 2억 원에 물건을 넘겼다. 매달 납부하는 이자가 신경 쓰이기도 했고, 더 이상 이 토지에 에너지를 쏟고 싶지 않았다. 하여튼 결과적으로 1억 원의 차익을 얻고 거래를 마무리했다.

아쉽게 놓친
기회들

월정리해변 토지

2011년 3월에 나는 일산에 분양받은 아파트의 잔금을 내기 위해, 어쩔 수 없이 다니던 직장을 그만두고 전업으로 부동산 경매를 시작했다. 이때 지금의 아내인 여자친구가 서울에서 내가 사는 제주도로 종종 놀러오곤 했는데, 그때 월정리해변이 너무 마음에 든다며 이쪽에 투자하라고 권유했다.

2011년 월정리해변의 모습. 이때까지만 해도 주변에 농가주택뿐이었다.

"여기 느낌 너무 좋다. 경매로 땅 나오면 무조건 투자해!"

2011년 제주도는 막 붐이 일기 시작할 때였다. 하지만 동북부 지역
은 상대적으로 낙후된 지역이라 투자 순위에서 제외했다. 그럼에도 여
자친구는 너무 느낌이 좋다며 계속 추천했다.

월정리해변은 그때까지만 해도 조그마한 카페 한 곳이 전부였다. 그
래도 여자친구의 말이니 경매와 공매를 검색하다가 월정리해변 바로
앞에 나온 토지를 발견했다. 위치가 참 좋았다. 월정리해변 2차선 도로
와 맞붙었고 위치도 해변 정중앙이었다. 평수는 165평이었는데, 감정
가가 7,650만 원 정도였다. 나는 해변가 정중앙에 있는 토지는 절대

최근 변모한 월정리해변의 모습

손해 보지 않을 것이라 생각해서, 처음으로 감정가보다 높은 금액에 입찰을 했다. 결과는 2등이었다. 누군가 1억 2,500만 원이라는 높은 가격에 낙찰을 받아간 것이다.

그때는 그 사람이 오판한 것이라 생각했다. 하지만 어느 순간 갑자기 월정리해변이 각광을 받으며 하나둘씩 건물이 올라가기 시작했다. 그리고 제주도 붐이 본격적으로 일어났고, 해당 땅의 시세는 평당 2천만~2,500만 원까지 치솟았다. 평수가 165평이니 단번에 33억 원에서 41억 원 정도의 가치를 지닌 토지가 된 것이다.

제주도가 붐이라고 하지만 주택이 2~3배 정도 오를 때 토지는 많게는 수십 배까지 치솟았다. 그간의 상황을 계속 지켜본 입장에선 그곳을 지나갈 때마다 마음이 너무 아팠다. 이래서 여자 말을 잘 들어야 하나 보다.

이후에 나는 몇 번 아내에게 어디가 느낌이 좋은지 물어봤지만, 제주도 때만큼 괜찮은 곳은 없다고 했다. 그러던 어느 날 강원도 양양 쪽 해변이 괜찮다며 알아보라고 했다. 그리고 4년 뒤 양양은 서핑으로 유명해지면서 땅값이 크게 올랐다.

중문관광단지 근처 토지

이 물건은 공매로 나온 물건이다. 중문관광단지 근처에 토지가 나오는 것은 굉장히 드문 일이다. 해당 토지 바로 옆에서 말레이시아 버자야그룹이 '에어레스트 시티'라는 대규모 개발사업을 추진하고 있었다. 이쪽 지역은 항상 관심이 많았기에 지적도부터 살폈다. 아쉽게도 길에 붙어 있지 않은 맹지였다.

지적도에서 세로로 길게 노란색으로 칠해진 곳이 2차선 도로인데, 매물로 나온 A는 도로에서 약간 떨어져 있다. 조그마한 현황도로가 있지만 2차선 도로변에 붙은 토지와는 가격 차이가 클 수밖에 없다. 그래도 좀 더 분석해볼 가치가 있는 토지였다.

주변 토지들의 등기부등본을 열람해봤다. 그러다 재미있는 사실을 알게 되었다. 공매에 나온 토지 A 좌측에 있는 토지, 즉 2차선 도로에 붙은 토지 B와 우측에 있는 토지 C의 토지주가 같은 사람인 것이다. A 양옆

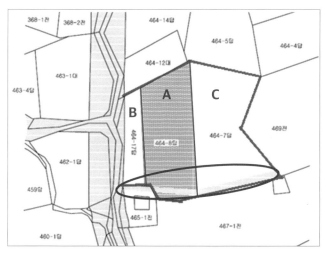

중문광관단지 근처 토지의 지적도. A가 매물로 나온 맹지고, 파란색으로 동그라미 친 부분은 현황도로다.

에 있는 토지를 한 사람이 소유하고 있었다. 이 물건을 낙찰받으면 해당 토지주와 협상을 통해 좋은 가격에 팔 자신이 있었다. 확신을 갖고 입찰에 참여했지만 정말 아쉬운 차이로 2등으로 떨어지고 말았다.

만약 내가 낙찰받았다면 이 땅에서 수익을 낼 수 있는 방법은 다음의 2가지다.

첫째, 낙찰받은 토지를 양옆 토지주에게 파는 것이다. 그렇게 된다면 그 주인은 A와 양옆에 있는 토지를 합쳐서 자산 가치가 크게 올라가게 된다. 맹지였던 C의 가치가 특히 크게 오를 것이다.

둘째, 공매 나온 땅 하단을 보면 노란색 현황도로가 나와 있다. 낙찰받은 땅에서 그 도로 부분만 떼어서 C 토지주에게 주는 것이다. 대신 2차선 도로와 붙은 B를 나에게 매각하는 조건으로 말이다. 도로에 붙은 B는 땅의 폭이 넓지가 않아서 건물을 짓기 정말 애매한 수준이다. B만 놓고 보면 별다른 쓰임새가 있는 땅이 아니다.

이렇게 추진하면 좋았을 텐데 아쉽게 2등으로 떨어졌다. 낙찰자는 평당 34만 원에 낙찰을 받아갔다. 비록 패찰은 했어도, 수개월 단위로 계속 이 토지를 어떻게 처리했는지 관찰했다. 2년 뒤, 낙찰자는 내가 말한 첫 번째 방법으로 이 땅을 처리했다. 낙찰자는 얼마에 매도했을까? 매도가는 평당 150만 원이다. 2년 사이 약 5배의 차익을 남기고 판 것이다. 차익만 4억 2천만 원에 달한다. 2년 만에 4억 2천만 원이면, 땅이 주인을 위해 매달 1,750만 원씩 저축을 해준 것과 같다. 이래서 자식보다 부동산이 효자라고 하나 보다.

영어교육도시 주변 토지

해당 토지는 영어교육도시 주변 토지다. 당시 2차선 사이로 왼쪽에는 영어교육도시가 있고, 오른쪽에는 에버랜드처럼 놀이시설이 있는 신화역사공원이 개발 중이었다. 둘 다 규모가 120만 평 정도에 달하는 엄청나게 굵직한 사업이었다.

영어교육도시 주변 토지 일원 지도. 현재는 해당 토지 바로 근처에 코스트코가 들어올 예정
이다.

    지금은 영어교육도시가 인기가 많아 가격이 많이 오른 상태지만, 개
발 단계에서는 인기가 생각보다 시들했다. 지금 소개할 물건도 인기가
좋지 않을 때 발견한 물건이다. 해당 토지는 영어교육도시와 신화역사
공원 근처에 있고, 200평 정도의 지목이 '대지'인 물건이다.

    감정가 5,100만 원인데 당시 시세가 6,500만~7천만 원 정도였다.
즉 평당 35만 원이었다. 여기는 가지고 있으면 무조건 이득을 볼 것이
라 확신해 감정가보다 높게 썼다. 나를 포함해 8명이 입찰했는데, 당시
제주법원은 1등을 제일 나중에 불렀다(이 부분은 법원마다 다르다). 거의

소재지/감정요약	물건번호/면적(m²)	감정가/최저가/과정	임차조사	등기권리
제주 서귀포시 ▓▓▓▓▓▓	물건번호: 2 번 (총 물건수 3건) 2)대지 665.6 (201.34평) ₩51,251,200 현:나대지	감정가 51,251,200 · 토지 51,251,200 (100%) (평당 254,551) 최저가 51,251,200 (100.0%)	법원임차조사	소유권 ▓▓ 2007.12.03 전 소유자: 저당권 ▓▓ 2007.12.03 120,000,000 지상권 ▓▓▓▓▓ 2007.12.03 30년

【감정평가서요약】
- 서광초교(동광분교장)
  남동측인근
- 부근단독주택등소재
- 차량출입가능
- 인근간선도로소재,제
  반교통사정양호
- 부정형등고평탄지
- 북측6m도로접함
- 자연취락지구
- 경관보전지구5등급
- 생태계보전지구5등급
- 지하수자원보전4등급
 	
- 계획관리지역
 	
2010.07.27 하나감정
		【경매진행과정】
		① 51,251,200
		2011-04-18 매각
		
		매수인 문**
		응찰수 8명
		매각가 58,001,000
		(113.17%)
		2위 55,770,000
		(108.82%)
				임 의 ▓▓▓▓
				2010.07.12
				*청구액:245,000,000원
				
				채권총액 120,000,000원
				
				열람일자 : 2011.03.31
				*▓▓▓▓ 등기

영어교육도시 주변 토지의 입찰 정보

마지막에 나를 불러서 낙찰을 받았다고 생각했는데 갑자기 한 명을 더 호명하는 게 아닌가?

내가 5,577만 원으로 2등이었고, 1등은 5,800만 원이었다. 너무 아까워서 잠을 못 이뤘다. 불과 230만 원 차이라니. 이 차이가 나중에는 수억 원의 차이로 이어진다.

아쉽게 패찰은 했지만 몇 개월 단위로 상황을 확인했다. 아니나 다를까 토지를 2개로 분할해 매도를 했다. 평수가 큰 토지는 수요자를 찾기 힘들지만, 평수가 작은 토지는 상대적으로 수요자를 찾기 수월하다. 해당 토지는 2년 뒤 평당 250만 원에 팔렸다. 평당 250만 원이면 총액은 5억 원이다. 5,800만 원에 낙찰을 받아서 5억 원에 판 것이다. 당시 대출을 받았다면 2천만 원이면 해당 토지를 소유할 수 있었다. 투자금이 2천만 원이라 가정하면 수익률 2,200%인 것이다.

영어교육도시 주변 토지의 가격이 이처럼 저렴했던 이유는 무엇일까? 다음은 〈이데일리〉 2014년 4월 15일 기사다.

> 제주 영어교육도시는 이전까지 아파트와 단독주택지 분양가에 수천만 원씩 웃돈이 붙는 등 주택 시장이 이례적인 활황을 누렸다. (…) 하지만 요즘 들어 분위기가 확연히 달라졌다. (…) 공급 과잉이 가시화하면서 집값은 내림세로 돌아섰다. 실제로 한때 시세가 3억 2천만 원에 달했던 캐논스빌리지1차 전용면적 85m²형은 지난해 11월 3억 원에 실거래됐다. 입주를 앞둔 새 아파트에 최고 1천만 원씩 붙었다는 프리미엄도 실거래가 이뤄지지 않는 매도호가(집주인이 부르는 가격)다.

이 기사를 보면 어떤 생각이 드는가? 이제 영어교육도시는 끝났다, 여기 아파트에 투자하면 절대 안 되겠다는 생각이 드는가? 재밌는 점은 그때가 바로 제일 바닥이었다는 점이다. 참고로 제주도의 강남이라 불리는 제주시 노형동의 노형2차아이파크 33평은 2024년 6월(14층)과 7월(7층) 각각 8억 4천만 원과 8억 원에 거래되었다. 영어교육도시는 어떨까? 영어교육도시 해동그린앤골드 34평은 2024년 7월(2층) 6억 8천만 원에 거래되었다. 분양가가 3억 원 정도였는데 수년 사이 이렇게 오른 것이다.

다음은 〈이데일리〉 2017년 5월 24일 기사다.

> 제주 영어교육도시는 그동안 제주도의 부촌으로 불리던 노형동보다 최근 집값이 높게 형성되면서 제주도 신(新)부촌으로 떠올랐다. 영어교육도시에서 2013년 분양한 '라온프라이빗에듀'는 전용면적 84m^2 기준 올해 4월 5억 6,800만 원에 거래되며 분양가(2억 5,134만 원)보다 3억 1,666만 원이나 올랐다. 2015년 분양한 '해동그린앤골드' 전용면적 84m^{2}도 올해 5억 8천만 원에 거래되며 분양가(2억 8,470만 원) 대비 2억 9,530만 원이나 올랐다. 이는 제주 노형동 매매가 상위 단지에 속하는 '중흥에스클래스'(전용면적 85m^2, 4억 9천만 원)보다 비싼 수준이다.

이래서 언론을 믿어서는 안 된다. 자기 확신이 있었으면 언론의 말에 흔들리지 않을 것이다.

영어교육도시에 가본 분은 알겠지만 이 안은 외제차로 가득하다. 소위 돈 있는 사람들이 많이 내려와서 살고 있다. 주변 학비는 연간 4천만 원 정도인데, 학비를 충분히 감당할 수 있는 사람들만 오니 신흥 '부촌'이 된 것이다(참고로 일대에 30억 원이 넘는 타운하우스도 많다).

투자를 해서 크게 수익을 내기 위해선 남들이 관심을 가지지 않을 때 들어가야 한다. 지금처럼 많이 오른 상태에서는 추가적은 수익을 얻기에는 한계가 있다. 지금 매수해도 되는 타이밍인지, 아니면 매도해야 되는 타이밍인지를 곰곰이 생각하고 투자하기 바란다.

꼭 알아야 할
세금, 양도세

투자자는 보통 저렴하게 사려고만 하지 나중에 팔 때를 생각하지 않는다. 팔 때를 생각한다 해도 세금까지 정확하게 계산하고 투자하는 경우는 드물다. 차액이 1억 원 이상 났다고 해도 양도소득세로 5,500만원을 납부해야 한다면 얼마나 허무할까?

양도소득세율은 2년 이상 보유 후 매각 시 기본세율(6~45%)이 적용이 된다. 반면 2년 미만은 높은 세율이 적용되는데, 적게는 40%에서 많게는 70%까지 부과될 수 있다. 거기다가 정부에서 토지 투기를 예

●○ 양도소득세 과세표준과 세율

보유 기간	과세표준	세율			누진공제
		기본	조정대상지역 내 2주택	조정대상지역 내 3주택	
2년 이상 보유한 주택, 입주권, 토지, 상가	1,400만 원 이하	6%	26%	36%	–
	1,400만 원 초과, 5천만 원 이하	15%	35%	45%	126만 원
	5천만 원 초과, 8,800만 원 이하	24%	44%	54%	576만 원
	8,800만 원 초과, 1.5억 원 이하	35%	55%	65%	1,544만 원
	1.5억 원 초과, 3억 원 이하	38%	58%	68%	1,994만 원
	3억 원 초과, 5억 원 이하	40%	60%	70%	2,594만 원
	5억 원 초과, 10억 원 이하	42%	62%	72%	3,594만 원
	10억 원 초과	45%	65%	75%	6,594만 원
1년 미만 보유	1. 주택, 입주권, 분양권 70% 2. 토지, 건물 50%				
1년 이상, 2년 미만 보유	1. 주택, 입주권 60% 2. 분양권은 1년 이상부터 완공 시까지 60% 3. 토지, 건물 40%				

방하기 위해 비사업용토지인 경우 기본세율에 10%(조정대상지역)를 추가로 중과세해 세율이 굉장히 높은 편이다. 항상 매매하기 전에 양도소득세가 얼마나 나오는지 알아볼 필요가 있다.

양도세가 수익에 미치는 영향

이해를 돕기 위해 사례를 살펴보겠다.

주택을 10개월 보유하다가 매매해서 차익이 2천만 원 발생했다고 가정해보자. 그럼 양도소득세는 얼마가 나올까? 10개월은 1년 미만이기 때문에 세율 70%가 적용된다. 2천만 원의 70%는 1,400만 원이다. 여기서 지방소득세 10%가 더해져 납부해야 할 세금은 1,540만 원이다.

그런데 1인당 기본공제 250만 원을 1년에 한 번 적용받을 수 있다. 즉 차익 2천만 원에서 기본공제 250만 원을 제한 1,750만 원에 대한 양도소득세를 계산해야 한다. 1,750만 원의 70%는 1,225만 원이고, 여기에 지방소득세 10%가 더해져 약 1,348만 원이 나온다.

이번에는 비조정대상지역의 주택을 2년 이상 보유하다가 매매해서 차익이 7천만 원이 발생했다고 가정해보자 그럼 양도세득세는 얼마나 나올까? 2년 이상 보유했기 때문에 기본세율이 적용된다. 차익이 1,400만 원 이하라면 6%, 1,400만 원 초과 5천만 원 이하라면 15%, 5천만 원 초과 8,800만 원 이하라면 24%가 적용된다.

7천만 원의 차익이 생겼기 때문에 세율대로 각각 계산을 해야 한다. 우선 1,400만 원까지는 6%를 적용해 84만 원이 나오고, 1,400만 원 초과 5천만 원 이하에 해당하는 3,600만 원은 15%를 적용해 540만 원이 나온다. 마지막으로 나머지 2천만 원은 24%를 적용해 480만 원이 나온다. 총 1,104만 원이고 지방소득세 10%가 더해져 1,214만 원 정도가 나온다. 참고로 누진공제를 활용하면 좀 더 간편하게 계산이 가능하다. 차익 7천만 원에 세율 24%를 곱한 다음, 누진공제 576만 원을 제하면 똑같이 1,104만 원이 나온다.

또한 3년 이상 보유했다면 장기보유특별공제를 양도차익에서 10% 적용받을 수 있고, 중개수수료 등의 필요경비가 공제된다. 여기서 필요 경비 항목은 다음과 같다.

> 취득세, 등록세, 법무사 수수료, 중개수수료, 새시 교체, 발코니 확장, 상하수도 배관공사, 보일러 교체, 부동산 매각 광고료, 매입한 채권 매각차손비용, 행정소송비용, 유치권 변제비용 등

그리고 양도소득세를 쉽게 아낄 수 있는 방법이 있다. 예를 들어 투자자 A와 B가 있다고 가정해보자. 둘 다 1억 원에 아파트를 샀고 2년 뒤에 마찬가지로 2억 원에 매도했다고 가정해보자. 1억 원의 양도차익이 발생했으니 A는 양도소득세 1,956만 원(차익 1억 원×세율 35%-누진공제 1,544만 원)을 냈다. 그런데 B는 1,248만 원만 납부했다. 무려 약 700만 원 차이다. 왜 이런 차이가 발생한 걸까? A와 달리 B는 배우자와 공동명의로 아파트를 매입했기 때문이다. 공동명의를 하면 세금이

각각 개별 과세되기 때문에 그만큼 양도소득세율이 낮아진다.

1억 원의 차익이 생겼다면 단독명의를 한 A는 1억 원에 대해 세금을 계산하지만, 공동명의를 한 B의 경우에는 5천만 원씩 나눠서 계산하기 때문에 그만큼 세율이 낮다. B와 아내의 양도소득세는 각각 624만 원(차익 5천만 원×15%-누진공제 126만 원)이다. 두 사람의 양도소득세를 합하면 1,248만 원으로 단독명의인 A와 비교하면 훨씬 적은 금액이다.

또 다른 사례를 알아보자. 이번에도 투자자 A와 B가 1억 원에 부동산을 사서 2년 뒤 3억 원에 팔았다. A는 5,606만 원(차익 2억 원×세율 38%-1,994만 원)을 납부한 반면, B는 아내와 각각 1,956만 원(차익 1억 원×세율 35%-누진공제 1,544만 원)씩 총 3,912만 원을 납부했다. 무려 1,694만 원 차이다. 웬만한 중소형차 한 대 값이다.

나는 부동산을 매각하기 전에 매매가격을 다양하게 가정해 각각 양도소득세 계산을 미리 해놓는다. 그래야 얼마에 협상이 되든 양도소득세를 제하고 어느 정도 순이익이 나오는지 바로 가늠할 수 있다. 이것을 하지 않고 아무런 생각 없이 기분에 따라 매매를 하면 나중에 생각보다 순이익이 적을 수 있다. 경험상 미리 계산하지 않고 협상을 하면 항상 후회를 했다.

마지막으로 정말 중요한 합산과세에 대해서 말해보겠다. 이 합산과세는 정말 중요하지만 생각보다 많은 분이 간과하는 영역이다. 합산과세란 1년에 2건 이상 부동산(기본세율 적용 대상 부동산 기준)을 매각하면 그다음 해인 5월에 합산해서 확정적으로 다시 세금을 매기는 것이다. 매년 1월 1일부터 12월 31일까지 매각한 부동산을 모두 더해서 계산한 다음, 그다음 연도 5월 31일까지 '확정신고'를 통해 별도로 신고를 해줘야 한다. 이처럼 세법은 동일 연도에 2채 이상 부동산을 매각하면 이를 합산해 과세하도록 하고 있다. 사례를 들어보겠다.

2023년에 상가 2채를 매각했다고 가정해보자. 각각 3천만 원씩 차익이 나서 양도소득세율 최고 15%를 적용받아 324만 원씩 납부했다. 그다음 해인 2024년에 세무서에서 이러한 내용의 우편이 집으로 날아올 것이다. 상가 2채를 다시 합산을 해서 확정신고하라고 말이다. 그렇게 되면 3천만 원과 3천만 원을 합친 6천만 원에 대한 양도소득세를 다시 계산해야 한다. 이 경우 양도소득세율은 24%가 적용된다. 양도소득세를 계산하면 864만 원에 달한다. 작년에 이미 납부한 648만 원을 제하고 차액인 216만 원을 추가로 납부해야 하는 것이다.

많은 투자자가 이 점을 간과하고 같은 연도에 여러 부동산을 처분하곤 한다. 그렇게 되면 그다음 해에 세금 폭탄을 맞을 수도 있으니 주의가 필요하다.

이번에는 양도차익 8천만 원짜리 주택을 동일한 연도에 매각할 때와 합산과세를 고려해 연도를 달리해 매각할 때를 비교해보자. 동일 연도에 2채를 매각한다면 양도소득의 합계는 1억 6천만 원이며 최종 세 부담은 약 4천만 원이다. 그런데 합산과세를 염두에 두고 연도를 달리

●○ 합산과세에 따른 양도소득세 차이 비교

구분	주택 A+B	주택 A	주택 B
양도소득	1억 6천만 원	8천만 원	8천만 원
세율	38%	24%	24%
누진공제	1,994만 원	576만 원	576만 원
양도소득세	4,086만 원	1,344만 원	1,344만 원

해서 매각하면, 해당 연도에 각각 8천만 원에 대한 양도소득세만 부담하면 된다. 총합은 2,688만 원이다. 연도를 달리해서 매각할 경우 무려 1,398만 원의 세금을 절세할 수 있는 것이다.

반대로 세금을 환급받는 경우도 있다. 2023년에 2건의 부동산을 팔았는데 한 건은 3천만 원의 이익이 생겼고, 한 건은 2천만 원의 손해를 봤다면 합산과세가 도움이 될 수 있다. 3천만 원 이익을 본 부동산은 양도소득세 324만 원을 납부했고, 손해를 본 부동산은 당연히 양도소득세를 납부할 의무가 없다. 그다음 해 5월 세무서에서 확정신고하라는 우편이 날아오고 확정신고를 하면, 2023년에 이익을 본 금액 3천만 원에서 손실은 본 금액 2천만 원을 제한 1천만 원을 기준으로 세금을 계산하게 된다. 1천만 원에 대한 양도소득세는 60만 원이다. 이미 납부한 324만 원에서 차액인 264만 원을 환급받을 수 있다.

과거에 강연을 하는데, 어떤 수강생이 상가와 토지는 합산과세에 해당되지만 주택은 해당되지 않는다고 주장한 적이 있다. 나는 그렇지 않다고 여러 차례 말했지만, 수강생은 본인이 알고 있는 것이 확실하다며 올해 주택만 여러 채를 팔아서 만약 내 말대로 주택이 합산과세에 해당된다면 억대가 넘는 세금을 물어야 한다고 했다. 하지만 나의 말이 맞았고, 그 수강생은 이듬해 6월에 수억 원대의 양도소득세를 추가로 납부해야 했다.

부동산 투자는 큰돈이 오가는 영역이다. 어설프게 공부해서는 안 된다. 특히 세금 부분은 확실히 알아야 한다. 복잡하고 어렵더라도 따로 세무 관련 책을 읽거나 유튜브에서 관련 강의를 찾아 듣는 것을 권한다. 어중간히 알면 수강생의 사례처럼 막심한 손해를 볼 수 있다.

제4장

제대로 확인하고
투자하라

"실패에 대한 진지한 분석만이

성공적인 투자자가 되는

유일한 방법이다."

_앙드레 코스톨라니

누군가에게 꼭 필요한
토지에 투자하라

토지는 기대수익이 높기는 하지만 제일 큰 단점이 있다. 취득 시 큰 돈이 들어가고, 임대를 줘도 임대보증금을 따로 받지 않기 때문에 그만큼 많은 돈이 묶일 수 있다. 또한 여타 부동산 중에서 환금성이 제일 낮기 때문에 많은 분이 토지 투자 자체를 어려워한다.

그런데 토지도 토지 나름이다. 나는 수백만 원대부터 2천만~3천만 원 수준의 환금성 좋은 토지에 투자한 경험이 많다. 물론 조건은 있다. 바로 다른 사람이 꼭 필요로 하는 토지에 투자하는 것이다. 수요가 있어야 환금성이 좋아진다. 부증성의 특성 때문에 토지는 공급량이 고정되어 있어 수요에 의해 가격이 결정된다.

수요 있는 토지가 비싸게 팔린다

사례를 보도록 하자. 토지 H가 경매로 나왔다. 이 땅은 가로로 붉게 칠해진 폭 4m짜리 도로와 맞붙어 있다. H 토지만 보면 큰 매력이 없지만 주변 땅을 보면 H 토지가 반드시 필요함을 알 수 있다. H와 붙어 있는 2개의 필지를 보면 H 없이는 맹지에 불과하다.

H 하단에 있는 두 땅은 도로와 이격되어 있어 시세도 낮고 부동산에 매물로 내놓아도 팔리지 않았다. 만일 경매로 나온 H 토지를 매수해 합친다면 더 이상 맹지가 아니기 때문에 가치가 크게 올라갈 것이다. 이런 토지는 시세보다 높게 팔 수 있다.

H 토지의 가능성을 알아보고 바로 입찰을 결심했다. 그리고 주변 토지의 등기부등본을 열람했다. H 토지를 팔 가능성을 타진하기 위해서다. 근저당이 설정되어 있거나 나이가 너무 많으면 거래가 어려울 수 있어 미리 점검할 필요가 있다.

거래하기 용이해 보이는 토지주를 찾아가 넌지시 매수 의사를 물어봤다.

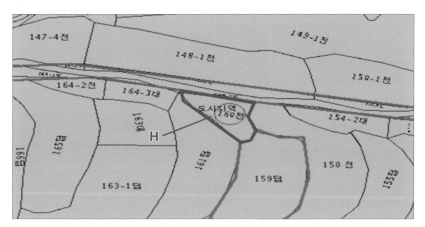
토지 H 일원 지적도. 아래 맹지와 합치면 가치가 크게 상승한다.

"안녕하세요, 사장님. 혹시 H 토지가 매물로 나온다면 거래할 생각 있으신가요? 곰곰이 생각해보니 사장님 땅이 아주 큰데 길에 붙어 있지 않은 맹지더라고요. 조건만 맞으면 제 토지를 사장님께 매도할 의사가 있어서 이렇게 찾아왔습니다."

"아, 그래요? 관심은 있습니다만 얼마에 매도하실 건가요?"

"도로와 붙은 토지 시세가 평당 100만 원 정도인데요. 사장님 토지는 맹지라 값어치가 많이 떨어지니, 제 토지를 매수하면 가치가 아주 크게 오를 겁니다. 그러니 저도 최소 평당 100만 원은 받아야 하지 않을까요?"

"음, 아내와 상의해보고 연락드리겠습니다."

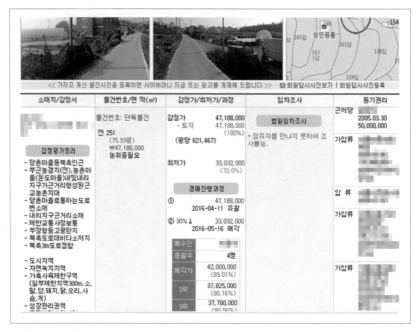

소재지/감정서	물건번호/면 적(㎡)	감정가/최저가/과정	입차조사	등기권리

감정평가정리
- 당촌마을동북측인근
- 부근농경지(전), 농촌마을(돈도마을)내및내리지구가근거리형성된근교농촌지대
- 당촌마을로통하는도로변소재
- 내리지구근거리소재
- 제반교통사정보통
- 부정형등고평탄지
- 북측도로대비다소저지
- 북측3m도로접함
 	
- 도시지역
- 자연녹지지역
- 가축사육제한구역
(일부제한지역300m, 소, 말, 양, 돼지, 닭, 오리, 사슴, 개)
- 성장관리권역
	물건번호: 단독물건
	전 251
	(75.93평)
	₩47,188,000
	농취증필요
		감정가 47,188,000
		· 토지 47,188,000
		  (100%)
		(평당 621,467)
		
		최저가 33,032,000
		  (70.0%)
		
		경매진행과정
		① 47,188,000
		  2016-04-11 유찰
		② 30%↓ 33,032,000
		  2016-05-16 매각
			법원임차조사
			· 점유자를 만나지 못하여 조사불능.
				근저당
				2005.03.30
				50,000,000
				
				가압류
				
				압류
				
				가압류
				
				가압류

매수인	
응찰수	4명
매각가	42,000,000 (89.01%)
2위	37,825,000 (80.16%)
3위	37,780,000 (80.05%)

토지 H 입찰 정보

   이렇게 이야기를 나누곤 헤어졌다. 그리고 다음 날 입찰을 했는데, 결과는 패찰이었다. 하지만 아깝지는 않았다. 이런 토지는 또 얼마든지 있기 때문이다.

   경기도 양평에 100평짜리 토지 I가 경매로 나왔다. 감정가 6천만 원짜리 토지로 폭 4m 도로에 접해 있다. 지적도를 보면 세로로 붉게 그어진 부분이 폭 4m 도로이고, 오른쪽에 위치한 땅이 경매로 나온 매물이다.

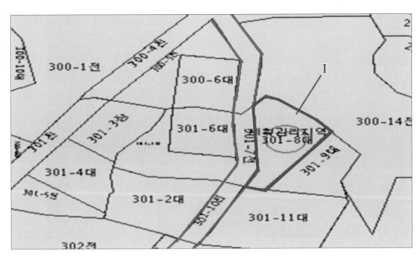

토지 I 일원 지적도

특별히 눈여겨본 이유는 로드뷰를 살펴보니 경매로 나온 토지 I 뒤에 있는 다른 맹지에 폐가가 있었기 때문이다. 하지만 법원에서 감정평가를 한 시점에서는 폐가가 철거되어 없어지고 그 자리에 컨테이너가 위치해 있었다. 즉 뒤에 있는 맹지의 주인이 땅 관리를 꾸준히 하고 있다는 뜻이다.

뒤에 있는 맹지는 토지 I와 합치면 가치가 크게 상승할 것으로 보였다. 해당 토지주와 거래하기 위해 토지 I가 한 번 유찰되기를 기다렸는데, 글쎄 1회차에서 곧바로 누가 단독으로 낙찰을 받는 것이 아닌가? 알고 보니 폐가가 있던 맹지의 주인이 감정가보다 높은 값으로 낙찰을 받은 것이었다. 해당 토지가 경매에 나온 것을 알려면 꾸준히 등기부등

토지 I 뒤에 있는 맹지의 폐가 사진

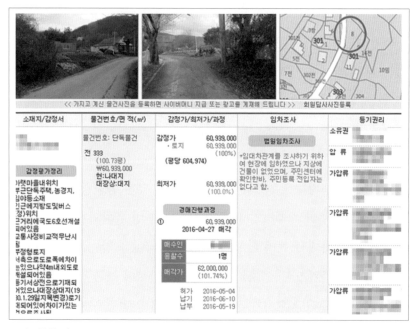

토지 I 입찰 정보

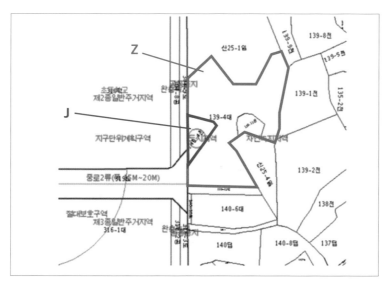

토지 J 토지이용계획도

본을 열람해야 한다. 그만큼 간절히 필요한 토지였던 것이다.

다른 사례를 살펴보자. 대전의 대단지 아파트 옆 63평 토지 J가 공매로 나왔다. 해당 물건만 보면 모양이 삼각형이고 평수가 작아 쓸모없는 땅이라고 생각할 수 있다. 하지만 해당 물건의 옆 토지 Z를 보니, 평수는 큰데 땅 모양이 이상하게 생겨서 추후 개발에 어려움이 있어 보였다. 토지 J와 합하면 굉장히 매력적인 매물로 탈바꿈이 가능했다.

토지이용계획도처럼 토지 J와 옆의 토지를 합필하면 땅의 모양이 훨씬 좋아지고 기존의 단점을 보완할 수 있게 된다. J 토지만 낙찰받으면 협상에서 우위에 설 가능성이 컸다. 다만 J 토지의 경우 시가화조정구역으로 묶여 있어 주의가 필요했다. 시가화조정구역이란 도시지역과 주변 지역의 무질서한 시가지 확산을 방지하고 계획적이고 단계적인 개발을 도모하기 위해 일정 기간(5~20년) 동안 시가화를 유보하는 구역을 뜻한다. 최대 20년간 개발이 제한될 수 있으니 이 부분을 잘 확인하고 매수해야 한다.

해당 물건은 비록 2등으로 패찰했지만 좋은 경험이라 생각했다. 안목만 있으면 이러한 물건을 1년에 한 번만 낙찰에 성공해도 일반 직장인 연봉만큼은 벌 수 있기 때문이다. 이처럼 누군가가 꼭 필요로 하는 토지를 낙찰받으면 아파트보다도 환금성과 수익률이 좋을 수 있다.

제주도 남원에 있는 토지 K도 누군가가 꼭 필요로 하는 좋은 물건이

토지 K 일원 지도

토지 K 입찰 정보

었다. 이 토지는 3번 유찰되었다. 얼핏 보면 길에 붙어 있지 않은 맹지처럼 보이지만 자세히 보니 조그마한 폭 2m 도로와 붙어 있었다. 위치를 살펴보니 초등학교가 바로 앞에 있고 마을 안에 있는 땅이라 여러모로 마음에 들었다

등기부등본을 열람해서 주변 토지주의 정보를 확인했다. 1번 토지는 경매에 나온 K 토지보다 7m 정도 지대가 높았고, 2번 토지 소유자는 1933년생으로 연로하셔서 협상이 어려워 보였다. 세컨하우스 용도로

집을 지은 3번 토지 소유자의 경우 평당 114만 원에 해당 토지를 샀기 때문에, 내가 K 토지를 평당 40만 원 정도에 낙찰받고 이분에게 70만 ~80만 원 정도에 판다면 서로 '윈윈'이 가능해 보였다. 그렇게 된다면 단기간에 낙찰가 대비 2배의 수익을 얻을 수 있게 된다.

입찰이 진행되었고, 12명의 입찰자가 있었는데 결과적으로 2등을 했다. 1등은 저번 유찰된 가격보다 좀 더 높게 써서 낙찰을 받았다. 정말 아쉬웠지만 더 좋은 물건이 기다리고 있기에 이번에도 훌훌 털어버렸다.

폭이 좁으면
조심하라

 겉으로 보면 수익을 낼 수 있는 물건처럼 보이지만 그렇지 않은 사례도 굉장히 많다.

 참고로 주로 제주도 부동산을 많이 소개하는 이유는 토지 시장의 경우 제주도가 거래량이 많고, 전국 단위로 유입되어 수요가 항상 꾸준하기 때문이다. 아무리 저렴하게 낙찰받아도 수익을 내기 위해서는 수요가 있어야 한다. 수요 없는 외딴 곳에 투자하면 제값 받고 팔기가 힘들다. 제주도는 현재 인구가 약 67만 명이고, 이주 열풍이 뜨거운 곳이다.

2016년을 기점으로 땅값이 하향세이기는 하지만 수요가 뒷받침되기 때문에 어느 정도 가격 선에서 크게 하락하지 않고 있다.

개발이 어려운 폭 좁은 땅

바닷가 근처에 작은 평수의 토지가 착한 가격에 급매물로 나왔다. 위치를 확인하니 매우 좋은 곳이었다. 다만 해당 토지 바로 옆에 호텔이 들어서 있어서 주의가 필요했다. 차후 해당 토지에 건축을 진행하게 되면 조망권 문제로 호텔에서 민원이 들어올 가능성이 무척 컸다. 건축할 때 제일 무서운 것은 역시 민원이다.

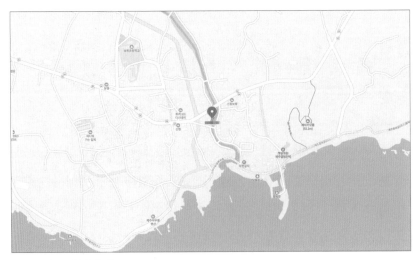

경매로 나온 땅 일원 지도

사진에서 길 오른쪽 땅이 경매로 나온 물건이다.

또 다른 문제는 해당 토지가 폭이 좁고 길쭉한 모양이란 점이다. 해당 토지 옆으로 호텔이 있고 바로 오른쪽에 하천이 있는데, 규정상 도로와 어느 정도는 거리를 이격하고 건물을 올려야 했기에 주의가 필요했다. 이 부분을 정확히 확인하기 위해서 건축설계사무소와 서귀포시 건축과에 민원을 넣었다.

몇 가지 단점이 있었지만 가격이 착해도 너무 착했다. 77평에 달하는 토지가 1억 1천만 원, 즉 평당 140만 원에 나온 것이다. 주변 시세와 비교하면 반값이었다. 싼 건 다 이유가 있으니 곧바로 비행기를 타고 현장답사를 갔다. 현장을 직접 확인하니 건축이 쉽지 않겠다는 생각이 들었다. 땅이 좁아도 너무 좁았던 것이다.

때마침 서귀포시 건축과에서 내가 신청한 민원에 대한 답변이 왔다.

2층 이상 건물을 지을 경우 하천과의 이격거리가 2m 이상 확보되어야 하고, 도로와도 1m 이상 이격해야 한다는 내용이었다. 건축은 거의 불가능하다는 소리다. 건축물의 폭이 최소 3m에서 3.5m 이상만 나와도 2층짜리 협소주택을 지을 계획이었는데 아쉬움이 남았다. 저렴한 땅값과 별개로 건축이 불가능하니 포기할 수밖에 없었다.

나중에 보니 다른 누군가가 7,700만 원에 해당 토지를 매수했다. 매수자는 이러한 사실을 알고 샀을까? 5년이 지난 뒤 다시 가보니 해당 토지는 여전히 그대로 방치되어 있었다.

맹지인 듯 아닌 듯
헷갈리는 토지

돌다리도 두들기고 건너야

제주 동북쪽 해수욕장 근처에 있는, 위치가 참 좋은 토지가 경매로 나왔다. 바닷가 근처인데 평수와 가격이 적당했고, 모양은 조금 이상하지만 그래도 도로와 인접한 부분은 네모반듯해서 괜찮아 보였다. 모양만 보면 도로와 인접한 땅이지만 그래도 정확히 확인해야 하니 토지이용계획확인원을 열람했다. 열람해보니 도로와 근소한 차이로 맞붙어

경매로 나온 땅. 확대해서 보면 도로와 이격되어 있음을 알 수 있다.

있지 않았다.

정확히 알기 위해 지도를 상세히 확대했다. 역시나 도로와 해당 토지 사이에 길쭉한 작은 땅이 존재했다. 즉 경매 나온 땅은 맹지였다. 얼핏 보고 맹지가 아니라고 판단해 이러한 부분을 놓치고 매수했다면 큰 낭패였을 것이다.

경매로 나온 땅과 도로 사이를 가로막은 길쭉한 토지의 지목은 '전'이었다. 경매로 낙찰을 받아도 도로를 이용하려면 해당 소유자의 동의를 받거나 그 땅을 매수해야 했다. 해당 토지의 정보를 조회해보니 소유자가 최근에 바뀐 상황이었다. 소유자가 대가 없이 공짜로 내어줄 리 만무했다.

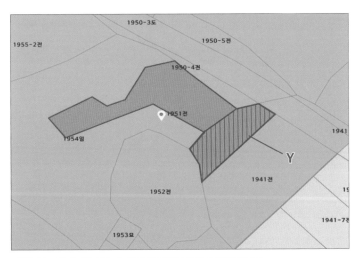

낙찰자는 옆에 땅(Y)을 추가로 매입해 맹지에서 벗어났다.

경매 결과 3명이 입찰해서 감정가보다 높게 낙찰되었다. 도로를 가로막은 토지의 소유자와 합의를 잘 보느냐, 못 보느냐에 따라서 희비가 갈릴 것으로 보였다.

이처럼 불확실성이 큰 투자는 반드시 여유가 있는 상태에서 해야 한다. 자본금이 적거나 여유가 없는데 싸다고 무턱대고 낙찰을 받아선 안된다. 도로를 가로막은 토지의 소유자와 협의가 불발되면 오랜 기간 큰돈이 묶일 수 있기 때문이다.

수년 뒤에 확인해보니 역시나 협상에 어려움이 있었던 것으로 보인다. 도로와 인접한 토지가 아닌, 옆에 있는 토지를 추가로 매입해서 맹지를 탈출한 모습이다. 표시한 부분(Y)만큼 매수해 합친 것인데, 보다

시피 땅의 모양새가 조금 이상해졌다. 맹지 탈출은 했지만 추가로 매수한 땅이 너무 넓고, 합필한 토지의 모양 자체가 비효율적이어서 아쉬움이 남는다.

축사, 묘지가
있는 토지

주의가 필요한 축사 있는 토지

　괜찮은 가격에 공매로 나온 토지가 있었다. 그런데 지도를 보니 공매로 나온 토지 주변에 길쭉한 건물들이 보였다. 지방에, 특히 전원주택 부지를 찾을 때는 길쭉한 건물을 유심히 봐야 한다. 왜냐하면 소나 돼지 등을 키우는 축사일 가능성이 크기 때문이다. 축사가 있는 지역은 기피 대상이기 때문에 잘 살펴봐야 한다.

역시나 길쭉한 건물은 축사였고, 주변에는 임시 현장사무실도 있었다. 지역 공인중개사무소 몇 곳에 전화를 돌려 해당 땅에 대해 물었다. 하나같이 그 땅은 안 팔린다며 혀를 내둘렀다. 공인중개사도 이렇게 말하니 이 땅은 입찰하지 않기로 결심했다.

나중에 보니 누군가 이 땅을 낙찰받았다. 과연 물건 조사는 제대로 했는지 궁금했다. 참고로 이 땅은 접도구역이 표시된 땅이다. 접도구역이란 도로 구조의 파손을 방지하고, 미관의 훼손 또는 교통에 대한 위험을 방지하기 위해 도로경계선으로부터 일정 거리 이내에 지정하는 구역을 말한다. 일반 국도의 경우 도로경계선으로부터 20m 이내, 고속국도의 경우 50m를 초과하지 않는 범위에서 지정할 수 있다.

접도구역 내에서는 토지의 형질을 변경하는 행위나 건축물이나 그 밖의 공작물을 신·개축 또는 증축하는 행위를 하지 못한다. 해당 물건의 토지이용계획원에는 접도구역이라 표시되어 있어 개발이 어려워 보였다.

다만 접도구역이 있어도 건물 면적에는 영향을 받지 않는다. 예를 들어 계획관리지역에 100평짜리 땅이 있다고 가정해보자. 이때 접도구역 부분 면적이 20평일 경우 건축물을 지을 수 있는 면적은 얼마나 될까? 계획관리지역의 건폐율은 40%, 용적률은 100%인데 접도구역 면적도 같이 포함해서 계산할 수 있다. 즉 100평이라면 40%를 적용해 1층은 40평을 지을 수 있다. 용적률은 100%이니 2층은 40평, 3층은

●○ 건폐율의 개념

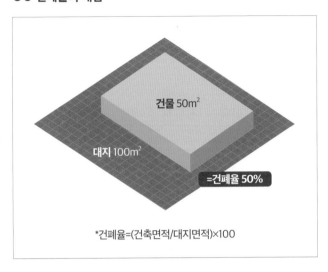

건물 50m²

대지 100m²

=건폐율 50%

*건폐율=(건축면적/대지면적)×100

●○ 용적률의 개념

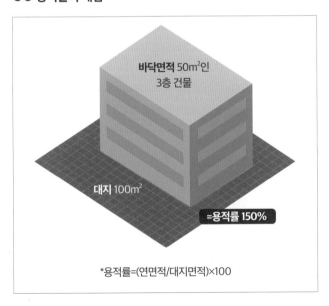

바닥면적 50m²인
3층 건물

대지 100m²

=용적률 150%

*용적률=(연면적/대지면적)×100

20평을 지을 수 있다.

참고로 건폐율이란 건축 밀도를 나타내는 지표로 대지면적에 대한 건축면적의 비율을 뜻한다. 용적률은 대지면적에 대한 건축물의 연면적 비율로, 연면적은 층별 바닥면적을 모두 합한 값을 의미한다. 건폐율에서 건축면적은 건축물의 외벽의 중심선을 기준으로 계산하며, 용적률에서 연면적은 지하, 외벽 내에 있는 주차장, 필로티 구조의 주차장, 폭 1.5m 이하의 발코니 면적을 제외하고 계산한다.

묘지가 숨어 있는 위험한 토지

경남 하동에 있는 175평 토지가 공매로 나왔다. 하동은 전원주택지로 인기가 많은 지역이다. 감정가는 1,450만 원으로 평당 8만 원 정도에 불과했다. 하지만 검색 3분 만에 이 물건은 포기했다. 로드뷰로 보니 잡초와 풀이 무성했는데, 시점을 살짝 과거로 돌려보니 무성한 풀에 가려 보이지 않던 묘지가 눈에 보였다.

묘지가 있는 땅은 잘못 투자하면 배보다 배꼽이 커질 수 있다. 제주에서 시행 사업을 할 때 이장 합의금으로 묘 1기당 수천만 원씩 지출했던 경험이 있다. 대부분의 묘지는 관습법상 '분묘기지권'이 인정된다. 분묘기지권이란 분묘가 남의 땅에 세워져 있어도 오래된 것이라면 해

공매로 나온 하동 땅의 로드뷰

시점을 과거로 돌린 로드뷰. 오른쪽에 숨어 있던 묘지가 보인다.

당 땅을 계속 이용할 수 있게 해주는 권리를 뜻한다. 분묘기지권은 땅의 지목과는 상관없이 그 권리가 보장될 수 있어 주의가 필요하다. 땅에 묘지가 숨어 있는데 놓치거나, 묘지 자체를 대수롭지 않게 생각하고 매수하면 곤란하다.

타인의 토지에 있는 분묘의 경우 일정한 조건에 맞으면 관습법상 분묘기지권이 성립한다(대법원 4294민상1451판결). 분묘기지권이 성립하면 허락 없이 이장도 어렵다. 분묘기지권의 존속기간은 당사자 간 약정이 있다면 약정에 따르지만, 권리자가 묘지를 계속해서 관리한다면 존속기간은 늘어난다.

겉과 속이
다른 토지

개발 가능 여부가 관건

제주도 서귀포시 회수동에 있는 소형 토지가 경매로 나왔다. 중문관광단지와도 그렇게 멀지 않고, 지목도 임야라서 육지 사람도 쉽게 취득이 가능한 토지였다. 제주도에 난개발이 심해지고 투기 조장 우려가 커지면서 타 지역민은 농지 취득이 어려워졌지만, 임야는 상관이 없었다.

해당 토지는 바로 옆에 위치한 펜션에서 주차장 용도로 사용하고 있

좌측이 펜션. 주차장으로 이용 중인 오른쪽 땅이 경매로 나온 물건이다.

었다. 중산간 지역 근처여서 전망이 좋아 보였다. 토지 옆에는 4m짜리 도로가 지나가고 있었고, 도로에 우수관도 설치되어 있었다. 근처에 타운하우스 단지도 보여서 건축 허가를 쉽게 받을 수 있겠다고 생각하고 입찰을 결심했다.

　보다시피 도로와 인접해 있는 땅이다. 도로가 사유지인지 국유지인지 확인하기 위해 도로 지번을 입력해서 다시 검색해봤다. 검색 결과 소유자는 개인으로 나왔다. 즉 개인 소유의 사도인 것이다. 다만 지목이 '도로'라서 건축 허가 시 따로 사도 주인에게 동의를 받을 필요는 없었다(이 부분은 지자체마다 다르니 꼭 확인해야 한다). 1975년 12월 31일 이전에 도로로 지정되었다면 사도라도 사도 주인의 동의가 필요하지 않

해당 토지의 입찰 정보

다(대법원 93누20023판결, 건축 58550-834회신).

향후 건축 시 옆에 있는 우수관을 해당 토지로 끌어와야 되기 때문에 이 점에 대해 서귀포시에 민원을 신청했다. 상수도관이 있는지도 같이 질의를 해서 신청했다. 제주도는 해발 300m 이상일 경우 지하수자원 개발이 엄격히 제한된다. 이 지역은 해발 300m 이상이어서 옆에 상수도관이 없으면 지하수개발이 필요한 땅이었다.

입찰 2일 전에 서귀포시청으로부터 유선상으로 연락이 왔다. 우선 상수도관이 지나가지 않기 때문에 지하수를 개발하고 건축해야 되는데, 이 부분은 허가를 내줄 수 없다는 연락이었다. 또 옆에 우수관이 개인 소유의 사도에 포함되어 있기 때문에 향후 우수관 연결 시 사도 주인의 동의가 필요하다고 했다. 그래서 입찰하려던 계획을 바로 접을 수밖에 없었다.

해당 토지는 누군가 1회차에 낙찰을 받았지만 잔금을 미납했다. 아마도 나와 같은 이유로 잔금을 미납한 것으로 보인다. 이후 재경매가 진행되어 누군가 낙찰을 받았는데 뾰족한 수가 있어서 낙찰한 것인지 궁금증이 생겼다. 4년이 지난 뒤 살펴보니 천만다행으로 해당 땅에 상수도관이 연결되어 있었다. 이런 경우는 정말로 운이 좋은 사례다.

안타까운 점은 인터넷으로 수만 원짜리 물건 하나를 사더라도 여러 번 생각하고 고민하는데, 수천만 원에서 수억 원에 이르는 부동산은 간단한 조사 없이 '묻지마 투자'를 하는 경우가 많다는 것이다. 그런 상황을 볼 때마다 너무 마음이 아프다. 정말 어렵게 모은 종잣돈을 탕진하는 일이기 때문이다. 독자 여러분은 부디 힘들게 모은 종잣돈을 허무하게 잃는 일이 없기를 바란다.

다른 사례를 살펴보자. 제주도 산방산 근처에서 185평 토지가 경매로 나온 것을 발견했다. 그런데 감정가가 3,240만 원밖에 되지 않아 '무언가 문제가 있나?' 하는 생각을 했다. 바닷가와 가까운 토지인데 평당 18만 원 정도면 말이 안 되는 가격이었다.

우선 지도로 위치를 확인했다. 길이 붙어 있고, 토지 모양도 나쁘지 않아 괜찮다고 생각했다. 이후 토지이음 사이트에 들어가서 지적도를

하천구역에 속한 토지의 입찰 정보

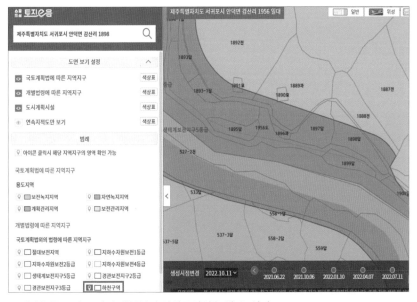

토지이음을 보면 토지의 대부분이 하천구역임을 알 수 있다.

살폈다. 해당 토지 옆으로 파란색 실선이 지나가는 것이 보였다. 느낌이 이상했다. '하천구역' 여부를 확인하니 해당 토지 90% 이상이 하천구역에 해당된다는 것을 알 수 있었다.

"그럼, 그렇지."라고 혼자 중얼거리며 바로 관심을 껐다. 하천구역은 개발이 불가능하기 때문에 이런 토지는 피해야 한다.

만약 경매에 나온 토지가 일부 지역만 하천구역이라면 눈여겨볼 필요가 있다. 하천구역으로 일부 포함되었다 하더라도 그 부분만 빼고 건축 허가가 가능하기 때문이다. 입찰 전에 시청 건축과에 문의하는 습관을 들이는 것이 좋다.

제5장

돈 되는 땅은
따로 있다

"투자의 성공 여부는
얼마나 오랫동안 세상의 비관론을
무시할 수 있는지에 달려 있다."

_피터 린치

남들이 외면한
토지에서 찾은 기회

남들이 외면한 12평 토지

　경매 물건을 검색할 때 기본적으로 3번 정도는 훑어보는데, 이 물건은 세 번째 훑어볼 때 찾은 진주 같은 물건이다. 처음 1회차 때만 해도 땅 모양이 이상해서 넘겼는데, 한 번 더 유찰된 후에 관심을 갖게 되었다. 갑자기 관심을 갖게 된 이유는 해당 토지의 지적도를 보니, 뒤에 있는 A의 소유자가 필요로 할 만한 땅이란 느낌이 들어서다. 그래서 주변

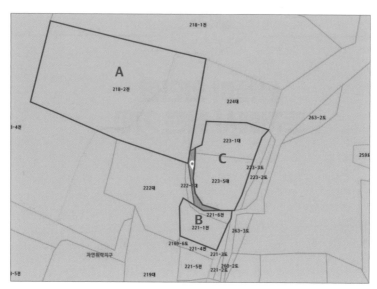

12평 토지 지적도

토지의 토지대장을 열람해 소유주들의 정보를 정리했다.

　A의 소유자는 2011년에 600평이나 되는 큰 맹지를 매수했고, 그다음 해부터 B를 취득했다. 또 그다음 해에는 공동으로 C를 취득했다. 맹지에서 탈출하기 위해 열심히 노력한 것이다. 하지만 그럼에도 여전히 그가 소유한 땅은 맹지였다. 만일 내가 찾은 12평 토지를 취득한다면 맹지에서 탈출하게 될 터였다. 투자한 지 10년이 지난 지금에 와서야 맹지 탈출에 필요한 땅이 경매로 나온 것이다.

　2011년에 평당 10만 원을 주고 샀다고 가정하면, 맹지에서 벗어날 경우 최소 평당 100만 원 이상은 가치가 오를 것으로 보였다. 즉 6천

2022 ▓▓▓▓▓▓	**제주지방법원 제주6계**	♡ 찜하기 · 메모 · 공유 · 인쇄 · 사진 인쇄 · 제보 · 오류신고

매각기일 ▓▓▓▓▓▓▓▓▓▓▓ 담당계 (064) 729-2156

무조건 낙찰받아야됨. 이 땅 없으면 위땅 맹지임   수정 삭제

소재지	제주 ▓▓▓▓▓ ▓▓▓▓ ▓▓▓ [도로명 검색]		
물건종류	대지	사건접수	▓▓▓▓	경매구분	강제경매
건물면적	0㎡	소유자	▓▓	감정가	10,865,000원
대지권	41㎡ (12.4평)	채무자	송OO	최저가	(49%) 5,324,000원
매각물건	토지전부	채권자	▓▓▓▓▓▓▓▓	입찰보증금	(10%) 532,400원

입찰 진행 내용 입찰 39일전

구분	입찰기일	최저매각가격	상태
1차	2022-12-06	10,865,000	유찰
2차	2023-01-10	7,606,000	유찰
3차	2023-02-21	5,324,000	-

물건 사진 [사진 더 보기]

12평 토지 입찰 정보

만 원짜리 토지가 최소 6억 원이 되는 것이다. 다만 중요한 것은 경매 나온 땅의 폭이다. 만약 폭이 4m 이하면 맹지에서 탈출해도 30평 이하 건물만 지을 수 있어 땅의 가치가 확 낮아진다. 다행히 폭은 4.4m 정도로 4m 이상이었다.

A~C 맹지 소유자가 만약 경매 나온 땅을 사서 도로를 만들고, 건축 허가를 받아 필지를 4개로 분할하면 이상적인 모양이 나올 터였다. 따라서 경매에 나온 이 12평 토지는 A~C 맹지 소유자에게는 반드시 필요한 기회의 땅이었다.

2회차의 최저가는 730만 원이었다. 만약 730만 원에 입찰한다면

제5장. 돈 되는 땅은 따로 있다   185

맹지 소유자에게 얼마에 팔 수 있을까? 내 생각에 최소 3천만~5천만 원은 족히 받을 수 있다고 확신했다. 이 땅이 있어야만 맹지 탈출이 가능하기 때문에 돈 3천만~5천만 원은 아무것도 아니란 생각이 들었다. 10년 넘게 맹지인 상태로 방치되어 있어 재산권 행사도 제대로 하지 못했으니 말이다.

그래서 입찰하려고 했지만, 사람 욕심은 끝이 없다고 했던가? 이 토지에 대해 아무도 이렇게까지 분석하지 않았을 것이라 판단해 한 차례 더 유찰되기를 기다렸다. 다행히 생각한 대로 한 차례 유찰이 되어 입찰을 준비했으나 갑자기 채권자 측에서 취하서를 제출했다. 좀 더 싸게 사려다가 그림의 떡이 된 것이다.

확실히 크게 이익이 날 것이란 생각이 든다면 가격을 더 주더라도 낙찰을 받는 게 낫다. 채권자가 무잉여가 되어 경매 낙찰이 되어도 받아갈 돈이 없으면 취하를 하기 때문이다.

남들이 외면한 1,248평 토지

1,248평 임야가 평당 6만 원 가격에 경매에 나왔다. 가격은 저렴했으나 위성사진을 확인하고 입찰을 포기했다. 왜냐하면 모양이 너무나도 이상했기 때문이다. 보는 눈은 같은지 해당 물건은 계속 유찰되었

1,248평 토지 위성사진

고, 감정가 대비 24%까지 유찰되어 평당 1만 3천 원대까지 내려왔다. 아무리 쓸모없는 맹지라지만 평당 1만 원대면 괜찮아 보였고, 물건에 대해 좀 더 심도 있게 분석했다.

알고 보니 '○○연구재단'이라는 곳에서 주변에 있는 대부분의 토지를 소유하고 있었다. 기획부동산인가 싶어 찾아보니 모 대기업과 관련된 재단법인이었다. 참고로 해당 토지 바로 밑에는 모 대기업과 연관된 조종사 양성용 공항이 있었다. 조종사 양성용 공항이 있는 일대의 땅을 대기업 창업주가 '○○연구재단'에 기증했고, 그곳을 다시 해당 대기업이 임차하면서 임대수익으로 재단을 운영하고 있었다. 일대 토지의 가치는 그동안 엄청나게 상승해 금액 규모만 최소 5천억 원 이상이었다.

위성사진에서 확인할 수 있듯이 해당 토지와 주변 일대는 따로 관리가 되고 있었다. 비록 맹지지만 소위 '알박기'처럼 되어 있고, 괜찮은 가격이라면 재단에서도 매입을 추진할 가능성이 있었다. 최저가 약 1,700만 원 정도인데 이 정도 금액은 별로 부담이 되지 않았다. 재단이 매입 의사가 없어도 큰 부담이 되는 금액은 아니었다.

운영 중인 더리치멤버스 카페 회원을 대상으로 해당 토지를 찾아내라는 미션을 줬다. 토지와 관련해 약간의 힌트를 주자 맞춘 사람이 2명이나 되었다. 논의 끝에 그들과 공동투자를 결심했고 1인당 600만 원정도를 차출해 투자를 준비했다. 만약 재단법인에게 매각을 한다면 최소 2~3배 차익은 기대할 수 있었다.

단독입찰이라 생각해서 최저가에 입찰했는데 4명이나 입찰을 했고 아쉽게 패찰하고 말았다. 이처럼 겉으로 봤을 때는 별로여도 자세히 파헤쳐 보면 진흙 속의 진주가 될 수 있는 토지가 많이 있다.

맹지라고 다 같은 맹지가 아니다

사례 ① 원주 맹지

    옛말에 부자는 땅에서 나온다는 말이 있다. 큰 토지를 오랜 기간 보유했다가 택지개발지구로 지정되어 막대한 보상금을 받는, 그런 행운에 기대란 뜻은 아니다. 단기간에 만족할 만한 시세차익을 얻을 수 있는 알짜배기를 찾아내야 한다. 알짜배기를 찾는 방법 중 하나가 바로 '도로가 뚫리는 곳'에 투자하는 것이다.

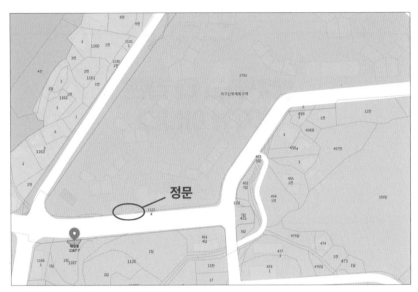

원주 맹지 일원 지적도

　　지금은 비록 도로에 붙어 있지 않은 토지, 즉 맹지지만 앞으로 도로가 나게 되면 더 이상 맹지가 아니게 된다. 맹지에서 탈출하면 당연히 엄청난 시세차익을 얻을 수 있다. 보통 맹지는 도로 붙은 토지에 비해 1/3에서 1/5 정도 가격에 거래되므로, 도로가 뚫린다면 최소 3배에서 5배 이상의 시세차익을 기대할 수 있다.

　　공매 물건을 검색하다가 원주에 있는 작은 토지를 발견했다. 면적은 15평 정도이고, 감정가는 1,500만 원으로 평당 100만 원 정도였다. 위치를 보니 땅의 모양이 삼각형처럼 못생겼고, 길에 붙어 있지 않은 맹지였다. 내가 눈여겨본 이유는 바로 앞에 920세대의 대단지 아파트가 건축 중이었기 때문이다.

1천 세대에 달하는 대단지임에도 정문 바로 앞에 있는 도로는 2차선밖에 되지 않았다. '이 정도 규모면 4차선 도로로 확장되어야 하는 것이 아닌가?'라는 생각이 들어 토지이용계획확인원을 열람했다. 아니나다를까, 내 예상대로 4차선 도로가 날 예정이었다. 공매로 나온 토지에 딱 맞물려 있었다. 아파트가 입주될 때쯤 4차선 도로가 생긴다 가정하면, 920세대나 되는 아파트의 후문도 아닌 정문에 있는 토지를 갖게 되는 것이다.

더불어 해당 토지의 용도지역은 제2종일반주거지역이어서 건폐율이 60%였다. 15평의 60%, 즉 9평짜리 건물을 지을 수 있는 것이다. 토지를 2천만 원에 낙찰받고, 9평짜리 건물을 평당 500만 원씩 들여 공사하면 7천만 원 정도로 쓸 만한 상가건물을 갖게 되는 것이다.

이러한 물건은 무조건 낙찰받아야겠다는 생각이 들었다. 다른 사람들은 이 토지에 관심을 가지지 않을 것이라고 판단하고 2천만 원대에 입찰을 시도했다. 아쉽게도 패찰했고 다른 사람이 2,613만 원에 낙찰을 받았다.

아쉽지만 어쩔 수 없었다. 나중에 다시 확인을 해보니 4차선 도로가 예정대로 뚫렸고, 낙찰자는 그 땅에 상가건물을 올린 상태였다.

사례 ② 화성 맹지

　나는 이제까지 가족 외에는 공동투자를 해본 경험이 없었다. 하지만 최근에 리치멤버스 카페를 운영하면서 처음으로 회원들과 공동투자를 진행했다. 지금 소개하는 사례는 첫 공동투자 건이다. 처음이니 맛보기로 작은 맹지를 선택했다.

　해당 물건은 경기도 화성에 있는 14평짜리 소규모 토지다. 감정가 5,600만 원짜리가 2023년 2월에 4,325만 원에 낙찰되었다가 미납

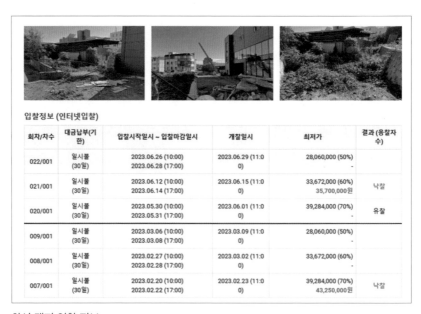

입찰정보 (인터넷입찰)

회차/차수	대금납부(기한)	입찰시작일시 ~ 입찰마감일시	개찰일시	최저가	결과 (응찰자수)
022/001	일시불 (30일)	2023.06.26 (10:00) 2023.06.28 (17:00)	2023.06.29 (11:00)	28,060,000 (50%) -	
021/001	일시불 (30일)	2023.06.12 (10:00) 2023.06.14 (17:00)	2023.06.15 (11:00)	33,672,000 (60%) 35,700,000원	낙찰
020/001	일시불 (30일)	2023.05.30 (10:00) 2023.05.31 (17:00)	2023.06.01 (11:00)	39,284,000 (70%)	유찰
009/001	일시불 (30일)	2023.03.06 (10:00) 2023.03.08 (17:00)	2023.03.09 (11:00)	28,060,000 (50%) -	
008/001	일시불 (30일)	2023.02.27 (10:00) 2023.02.28 (17:00)	2023.03.02 (11:00)	33,672,000 (60%) -	
007/001	일시불 (30일)	2023.02.20 (10:00) 2023.02.22 (17:00)	2023.02.23 (11:00)	39,284,000 (70%) 43,250,000원	낙찰

화성 맹지 입찰 정보

화성 맹지 지적도

되어서 다시 공매로 진행된 물건이었다. 3,570만 원에 2:1의 경쟁을
뚫고 낙찰을 받았는데, 평당 257만 원으로 공시지가 260만 원보다 좀
더 저렴하게 받았다. 토지의 경우 공시지가와 실제 시세 간의 차이가
큰데, 공시지가 수준으로 낙찰을 받았다는 것은 그만큼 저렴하게 받았
다는 뜻이다.

 그렇다면 해당 물건을 낙찰받은 이유는 무엇일까? 지도를 확인해보
면 해당 물건은 길에 붙어 있지 않은 맹지다. 겉으로 보기에는 앞에 도
로가 있어 보이는데, 자세히 보면 도로가 아닌 주차장이다. 그나마 다

행인 건 해당 토지 바로 옆에 다이소가 새롭게 건물을 지어 입주했다는 점이다.

감정평가서를 보니 눈에 띄는 문구 하나를 발견한다. '동측으로 폭 8m 정도의 지적상 도로에 접하나 미개통 상태임'이라는 문구다. 바로 토지이음 사이트에 들어가서 지적도를 열람해 도시계획시설 도로가 날 예정인지 확인했다. 역시나 해당 토지 바로 앞에 폭 8~10m 도로가 예정되어 있었다. 그렇다면 투자자로서 지금 당장 해야 할 일은 언제 도로의 공사가 진행될 예정인지, 그리고 주변 시세가 얼마인지 파악하는 것이다.

우선 도시계획시설 도로 안에 포함된 다른 땅의 소유자가 누군지 확인해봤다. 수년 전, 즉 2021년에 토지보상이 되었고 군유지로 소유권 이전이 된 것을 확인했다. 그래서 바로 리치멤버스 회원들에게 미션을 줬다. 도로가 언제 공사될 예정인지 알아보라고 말이다. 열정이 가득해서인지 1시간이 채 안 되어서 '수용재결' 단계라는 보고를 받았다. 수용재결은 수용의 거의 막바지 단계다.

2023년 9월에 착공 예정이라는 정보도 얻게 된다. 하지만 항상 계획보다 좀 더 지연되는 게 일반적이기 때문에 3~6개월 정도는 지연될 것이라고 예상했다. 어쨌든 보상 막바지 단계이니 조만간 공사가 진행될 것이라고 확신했다.

그다음 확인할 것은 토지 시세다. 우선 다이소 건물의 토지 거래내역

●○ 보상 절차

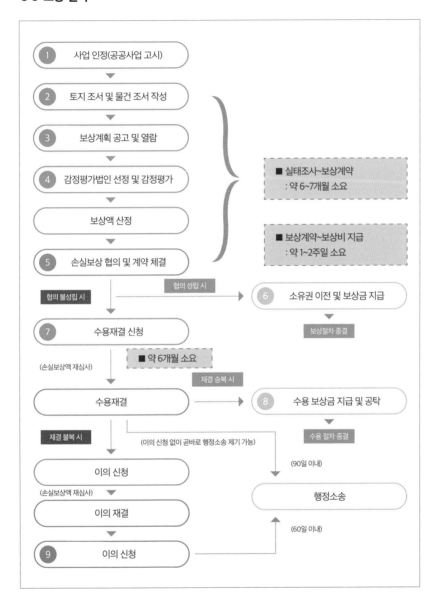

① 사업 인정(공공사업 고시)

② 토지 조서 및 물건 조서 작성

③ 보상계획 공고 및 열람

④ 감정평가법인 선정 및 감정평가

보상액 산정

⑤ 손실보상 협의 및 계약 체결

■ 실태조사~보상계약
 : 약 6~7개월 소요

■ 보상계약~보상비 지급
 : 약 1~2주일 소요

협의 불성립 시

협의 성립 시

⑥ 소유권 이전 및 보상금 지급

보상절차 종결

⑦ 수용재결 신청

(손실보상액 재심사)

■ 약 6개월 소요

재결 승복 시

수용재결

⑧ 수용 보상금 지급 및 공탁

수용 절차 종결

재결 불복 시

(이의 신청 없이 곧바로 행정소송 제기 가능)

(90일 이내)

이의 신청

(손실보상액 재심사)

이의 재결

행정소송

⑨ 이의 신청

(60일 이내)

을 확인해보니 평당 400만 원 선에서 거래된 것을 확인했다. 또 네이버페이 부동산을 확인해보니 바로 인근에 있는 토지가 평당 408만 원에 매물로 나와 있었다. 그래서 만약 길이 뚫린다면 해당 토지의 시세가 최소 평당 400만 원 이상은 될 것이라 확신했다. 평당 260만 원 정도에 낙찰을 받았으니 시세차익은 평당 140만 원, 즉 2천만 원 정도인 것이다.

수익률로 치면 55%다. 다만 이 정도 수익을 얻고자 해당 토지에 투자한 것은 아니었다. 차후 도로가 뚫린다면 2층짜리 상가건물을 지을 계획이었다. 토지 가격을 포함해서 1억 원 중후반으로 2층짜리 상가건물의 주인이 될 수 있는 것이다. 상가건물을 짓고 해당 건물을 땅과 함께 매각하면 토지만 있는 것보다 많은 차익을 얻을 터였다. 하지만 이후 여러 사정으로 공동투자의 한계를 느끼고, 건물을 짓는 대신 도로가 뚫리고 난 뒤 엑시트하기로 방향을 바꾼다.

사례 ③ 제주 맹지

또 다른 사례를 소개하겠다. 모양도 괜찮고 평수도 엄청 컸지만 맹지라는 단점이 있었다. 토지이음 사이트에서 지적도를 확인해보니 도시계획시설 도로가 예정되어 있음을 확인했다. 현재는 왕복 2차선 도로

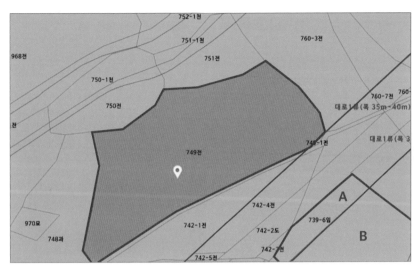

제주 맹지 지적도. 붉은 실선은 도시계획시설 도로를 나타낸 것이다.

이지만, 앞으로 4차선 도로로 확장될 예정이었다.

차후에 4차선 도로가 생긴다면 해당 토지는 맹지가 아닌 길에 붙어 있는 토지가 된다. 맹지에서 벗어나면 토지의 가치도 당연히 엄청나게 올라갈 터였다. 검색을 해보니 해당 토지 주변에 있는 맹지 A가 경매로 나온 것을 확인했다. 지분으로 나온 2.5평짜리 맹지 A는 지금은 2차선 도로에 붙어 있는 토지지만, 향후 4차선 도로가 생긴다면 수용될 터였다.

등기부등본을 확인해보니 경매에 나온 지분 빼고는 모두 '제주특별자치도'에서 취득한 것을 확인했다. 즉 맹지 A는 낙찰받기만 하면 제주

2022 ████ ████████	**제주지방법원 제주2계**		찜하기	메모	공유	인쇄 사진 인쇄 제보 오류신고	
담당계 (064) 729-2152							

제주도에서 이 지분 빼고 다 매입한 상황   수정 삭제

소재지	제주 █████ ████	도로명 검색		
물건종류	임야	사건접수	████ █	경매구분	강제경매
건물면적	0m²	소유자	이○○○○○○○○	감정가	4,545,750원
대지권	8.25m² (2.5평)	채무자	이○○	최저가	(70%) 3,182,000원
매각물건	토지지분	채권자	신○○○	입찰보증금	(10%) 318,200원

입찰 진행 내용

구분	입찰기일	최저매각가격	상태
1차	2023-02-07	4,545,750	유찰
2차	2023-03-14	3,182,000	낙찰

낙찰 5,888,000원 (130%)
(응찰 : 7명 / 낙찰자 : 서○○ / 차순위 : 3,645,290)
매각결정기일 : 2023.03.21 - 매각허가결정
대금지급기한 : 2023.04.27
대금납부 : 2023.04.03 / 배당기일 : 2023.05.04
배당종결 : 2023.05.04

종국결과	2023-05-04	0	배당

물건 사진   사진 더 보기

제주 맹지 A 입찰 정보

특별자치도에 매각할 수 있는 것이다. 다만 생각보다 수익이 나오지 않을 것 같아 맹지 A는 일단 입찰을 보류했다. 제주도에서 감정평가를 새롭게 해서 감정가 기준으로 매수를 하므로 별로 차익이 안 나올 것 같았다.

내가 관심을 가진 토지는 제주 맹지 A 바로 뒤에 있는 제주 맹지 B 다. 이 토지는 지금은 맹지지만 4차선 도로가 생기면 도로에 바로 붙어 있는 좋은 토지로 바뀔 예정이었다.

등기부등본을 확인해보니 공유자가 14명이나 있었다. 만약 이 지분

2022 ▪▪▪▪▪▪▪	**제주지방법원 제주2계**				
담당계 (064) 729-2152					

현 2차선도로이나 4차선 도시계획도로 있음 굿~~!!   수정 삭제

소재지	제주 ▪▪▪▪▪▪▪▪▪▪ 도로명 검색				
물건종류	임야	사건접수	▪▪▪▪	경매구분	강제경매
건물면적	0m²	소유자	이○○○○○○○○	감정가	21,578,360원
대지권	38.81m² (11.74평)	채무자	이○○	최저가	(70%) 15,105,000원
매각물건	토지지분	채권자	신○○○	입찰보증금	(10%) 1,510,500원

입찰 진행 내용

구분	입찰기일	최저매각가격	상태
1차	2023-02-07	21,578,360	유찰
2차	2023-03-14	15,105,000	낙찰

낙찰 20,588,000원 (95%)
(응찰 : 2명 / 낙찰자 : 서○○ / 차순위 : 15,270,790)
매각결정기일 : 2023.03.21 - 매각허가결정
대금지급기한 : 2023.04.27
대금납부 : 2023.04.10 / 배당기일 : 2023.05.04
배당종결 : 2023.05.04

종국결과	2023-05-04	0	배당

물건 사진   사진 더 보기

제주 맹지 B 입찰 정보

을 낙찰받는다면 공유자한테 되팔거나, 공유물분할소송을 통해 해당 토지 전체를 경매에 붙일 수 있다. 공유물분할소송을 통해 다른 사람 명의로 해당 토지 1필지 전체를 낙찰받는 전략도 가능했다.

해당 경매 건은 강의를 듣는 수강생 한 분에게 추천했고 나는 입찰하지 않았다. 왜냐하면 나중에 공유물분할소송을 통해 경매에 나올 경우 내가 1필지 전체를 입찰할 계획이었기 때문이다.

안타깝게도 수강생은 아쉬운 차이로 입찰에 떨어졌지만, 차후 해당 토지가 공유물분할소송으로 1필지 전체가 나온다면 입찰할 계획이다.

내가 이렇게 해당 토지에 관심 있는 이유는 중문관광단지 근처에 위치해 있기 때문이다. 환금성이 좋고 경쟁력 있는 상품이므로 꾸준히 눈여겨보고 있다.

도시계획시설 도로,
맹신하지 말자

앞서 도시계획시설 도로에 대해 언급한 바 있다. 도시계획시설 도로가 예정되어 있다면 호재인 것은 분명하지만 맹신은 금물이다. 이 부분을 이해하려면 도시계획시설 도로 사업 순서를 숙지할 필요가 있다. 지적도에 도시계획시설 도로 표시, 즉 빨간색 실선이 그어져 있다 하더라도 모든 실선이 계획대로 도로가 되는 것은 아니다. 계획대로 진행되지 않고 도로가 생기지 않는 경우도 있다. 20년 동안 보상이 되지 않으면 도시계획시설 도로가 없어지는 '일몰제'가 2020년 7월 1일에 처음 시

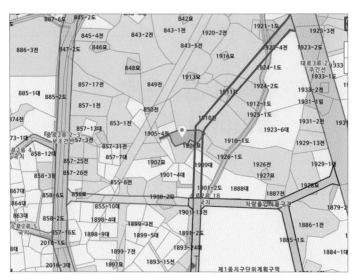

지적도에 표시된 도시계획시설 도로

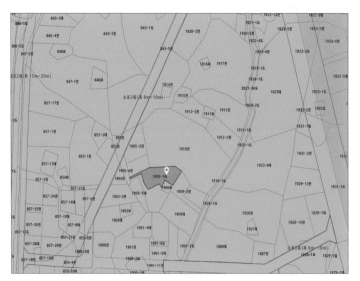

일몰제 시행 후 사라진 도시계획시설 도로

행되면서 이런 경우가 늘고 있다. 일몰제 시행 이후 많은 도시계획시설 도로가 계획 단계에서 엎어졌다.

위치가 표시된 토지 옆으로 도시계획시설 도로를 나타낸 붉은 실선이 보이는가? 아래 지적도를 보면 도시계획시설 도로를 표시한 기존의 선이 없어진 것을 알 수 있다. 일몰제로 인해 계획이 달라진 것이다. 따라서 지적도에 도시계획시설 도로 선이 그어져 있다고 해서 무조건 입찰하는 것은 삼가야 한다.

공사가 이뤄질 확률을 타진해야

그렇다면 어떨 때 도시계획시설 도로가 실제 공사로까지 이어지는 것일까?

도시계획시설 도로 사업의 진행 순서를 알아보자.

1. 도시계획시설 도로 결정
2. 단계별 집행계획 수립
3. 사업 시행자 지정
4. 도시계획시설 도로 실시계획인가(고시)
5. 토지보상

6. 사업시행

7. 준공

　첫 단계인 1번에서 어떤 지역에 도시계획시설 도로가 결정되면 지적
도에 빨간 선이 그어진다. 하지만 제일 중요한 단계는 4번 도시계획시
설 도로 실시계획인가다. 실시계획인가가 나와야 그다음 단계인 토지
보상 단계가 진행되고 공사가 시작되기 때문이다. 그렇다면 실시계획
인가는 어디서 확인할 수 있을까?

　토지이음 사이트 '고시정보'에서 확인할 수가 있다. 물론 운이 좋아

토지이음 '고시정보' 메뉴에서 '실시계획인가'를 확인할 수 있다.

실시계획인가가 나온다 하더라도 예산의 한계 때문에 사업이 지연될 수는 있다. 그러나 일단 실시계획인가가 나왔다면 시간이 좀 걸리더라도 사업이 진행될 확률이 높다. 지연 가능성을 염두에 두고 여유를 가지고 투자한다면 좋은 성과를 얻게 될 것이다.

이런 맹지에
투자하라 ①

　제주도에 부동산 붐이 일었던 적이 있다. 2011년부터 2017년까지 6년간은 감정평가가 무의미할 정도로 감정가 대비 200%, 500% 이상으로 낙찰되는 경우가 흔했다. 절대 개발할 수 없는 '오름'마저 감정가보다 훨씬 높게 낙찰되었다. 당시 나는 육지로 넘어가서 틈새시장인 상가 투자로 많은 수익을 내고 있었는데, 제주도 토지에도 지속적으로 관심을 두고 물건을 찾곤 했다. 특히 자주 유찰되는 맹지 위주로 물건을 분석하고 연구했다.

이 세상에 필요 없는 토지는 없다고 생각한다. 맹지도 누군가에게 는 필요할 수 있다는 생각이 들었다. 맹지를 사는 매수자는 주로 맹지 주변 도로와 붙어 있는 토지의 소유자다. 도로에 붙은 토지와 맹지를 합쳐 큰 시세차익을 얻기 위함이다. 예를 들어 도로에 붙은 땅이 평당 100만 원이라면, 맹지는 평당 30만 원 정도다. 맹지를 사서 도로에 붙 은 땅과 합치면 평당 70만 원의 차익을 얻게 되는 것이다. 맹지의 평수 가 500평이라면 3억 5천만 원의 차익을, 1천 평이라면 7억 원의 차익 을 얻을 수 있다.

그래서 맹지는 일반적으로는 필요 없는 땅이 맞지만, 맹지 주변 땅을 소유한 누군가에게는 꼭 필요한 토지일 수 있다. 또 맹지를 사서 주변 토지주와 협의해 도로와 연결된 부분만 일부 매수하는 방법도 있다. 이 렇게 발상을 바꾸니 이제껏 값어치 없이 여겼던 맹지가 다르게 보이기 시작했다. 그렇게 맹지에 여러 번 투자를 했고, 실제로 큰 성과를 얻으 면서 더욱 확신을 가지게 되었다.

해수욕장 근처 맹지

2024년 6월, 나는 더리치멤버스 카페에 '4천만 원 프로젝트'를 시 작하겠다고 공지했다. 4천만 원 프로젝트란 1년간 내가 종잣돈 4천만

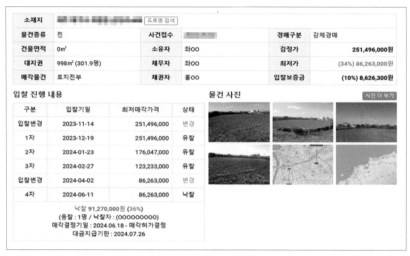

소재지	██████████ 도로명 검색				
물건종류	전	사건접수	██████	경매구분	강제경매
건물면적	0m²	소유자	좌OO	감정가	251,496,000원
대지권	998m² (301.9평)	채무자	좌OO	최저가	(34%) 86,263,000원
매각물건	토지전부	채권자	홍OO	입찰보증금	(10%) 8,626,300원

입찰 진행 내용

구분	입찰기일	최저매각가격	상태
입찰변경	2023-11-14	251,496,000	변경
1차	2023-12-19	251,496,000	유찰
2차	2024-01-23	176,047,000	유찰
3차	2024-02-27	123,233,000	유찰
입찰변경	2024-04-02	86,263,000	변경
4차	2024-06-11	86,263,000	낙찰

낙찰 91,270,000원 (36%)
(응찰 : 1명 / 낙찰자 : (000000000))
매각결정기일 : 2024.06.18 - 매각허가결정
대금지급기한 : 2024.07.26

물건 사진 사진 더 보기

맹지 L 입찰 정보

원을 굴려서 4억 원의 순자산을 만드는 과정을 공유하는 프로젝트다. 소액 토지 투자에 확신이 없는 회원들로 하여금 용기를 북돋아 주기 위해 시작한 프로젝트다.

해당 프로젝트에서 첫 번째로 낙찰받은 토지가 바로 맹지 L이다. 곽지해수욕장 근처에 있는 302평 맹지를 평당 30여만 원에 낙찰받은 것이다. 참고로 해당 토지의 경우 많은 사람이 임장을 다녀와서 경쟁률이 적어도 2:1은 될 줄 알았는데 단독입찰이라서 순간 놀라기는 했다. 그래도 저렴한 가격에 낙찰을 받아 매우 기분이 좋았다.

맹지 L은 주거지역에 포함되어 있어 농지취득자격증명원이 필요하

맹지 L 일원 지도

지 않았다. 그래서 법인으로 입찰을 했다. 참고로 주거지역, 상업지역, 공업지역에 속한 땅은 농지취득자격증명원이 필요하지 않다.

　해당 토지의 지적도를 보면 중간에 묘지가 하나 있는데 현황상 묘지는 없고 지적도에만 표시되어 있다. 해당 묘지를 관리하는 사람이 경매로 나온 채무자 본인이었기 때문에 큰 문제는 없어 보였다.

　맹지이므로 반드시 엑시트할 방안이 필요했는데, 나는 크게 2가지 그림을 그렸다. 하나는 도로와 붙은 주변 땅을 소유한 토지주들에게 연락해 진입 도로 부분만 협의해서 매수하는 것이고, 다른 하나는 주변 토지주들에게 매각하는 것이다.

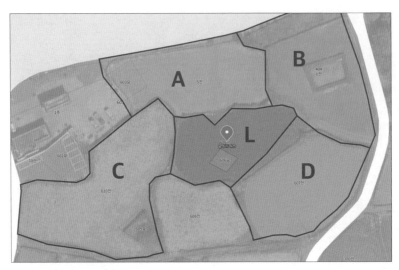

맹지 L과 주변 A~D 지적도

    그래서 일단 맹지 L 주변에 있는 토지들의 토지대장부터 열람해 내용을 정리했다. 후보는 총 네 사람이다.

    1번 후보인 4차선 도로에 붙은 토지 A는 맹지 L과의 시너지가 좋아 보였다. 맹지 L을 매수해서 합칠 경우 토지 모양이 더 예뻐져서 가치가 상승할 것으로 보였다. 만약 내가 평당 60만 원에 토지주 A에게 매각하면 나는 2배의 차익을 얻고, 상대는 평당 140만 원의 차익을 얻게 될 터였다. 토지 A의 시세가 평당 200만 원 정도이므로 맹지 L을 사면 평당 140만 원의 차익을 확보하는 셈이다.

    그런데 토지대장을 확인해보니 A의 토지주는 한 사람이 아닌 2명이었다. 또 토지대장에 나와 있는 주소로 건물 등기부등본을 열람해보니 자가가 아니었다. 건축물 등기부등본을 별도로 열람해서 건물의 소유자와 채무 현황을 조사하는 이유는 맹지 L을 매수할 여력이 있는지 점검하기 위해서다. 모든 것은 결국 확률 게임이기 때문에 최대한 확률이 높은 쪽과 협상을 하는 편이 유리했다.

2번 후보인 B 토지주의 경우 연세가 90세 이상이어서 우선순위에서 제외했다.

그다음 3번 후보인 C 토지주는 채무가 제법 있었다. 토지 등기부등본에 나와 있는 집주소를 확인해보니 건물의 위치가 제주도에서 땅값이 정말 비싼 동네 중 한 곳이었는데, 채무가 있었지만 위치도 좋고 1층에 편의점도 입점해 있어 좋은 건물이란 생각이 들었다. 비록 채무가 토지와 건물을 합쳐서 5억 원 정도에 달했지만, 맹지 L을 매수할 여력이 충분히 있다고 판단했다.

마지막으로 4번 후보인 D 토지주는 토지 등기부등본에 아무런 채무가 없었고, 거주 중인 자가 건물 역시 채무가 전혀 없었다. 거주 중인 건물의 호가는 5억 원이었다. 가장 이상적인 상황이다. 토지에도 채무가 없고, 살고 있는 자가에도 대출이 없다는 것은 가용할 수 있는 현금이 꽤 있다는 뜻이다. 그래서 가장 먼저 D 토지주와 협상하기로 마음을 먹었다.

참고로 맹지 L은 다른 사람과 공동투자를 했는데, 근처 토지주에게 단기간에 팔 수도 있겠다고 생각해 일부러 법인으로 들어가게 되었다.

문제는 은행에서 법인이란 이유로 대출을 다 거절해버린 것이다. 개인으로 입찰하면 80% 대출이 가능했지만 법인이라서 안 된다고 했다. 그래도 포기하지 않고 주변 제2금융권에 계속 연락을 했고, 정말 어렵게 5천만 원을 대출했다.

그런데 어느 날 갑자기 공인중개사로부터 연락을 받았다. 글쎄, 최근에 A 토지주의 땅이 매물로 나왔으니 매수를 고민해보란 내용이었다. 원래 시세는 평당 200만 원 정도인데 무슨 사정이 있는지 평당 158만 원에 나온 것이다. 평수는 412평에 달했다. 맹지 L을 낙찰받은 지 3주밖에 지나지 않았는데 뜻밖의 행운이 생긴 것이다.

만약 A 토지주의 땅을 6억 5천만 원(412평)에 바로 매수하게 된다면 맹지 L의 가치는 어떻게 될까? 302평인 맹지 L을 9,100만 원에 낙찰받았고, 도로와 붙은 A 토지주의 땅 412평을 6억 5천만 원에 매수한다면 총 7억 4,100만 원을 들여 714평을 소유하게 되는 셈이다. 기타 비용을 제하고 평당 103만 원인데, 만약 훗날 평당 150만 원에 매각한다면 3억 원 이상의 차익을 낼 수 있다. 운 좋게 평당 200만 원에 매각한다면 약 7억 원의 차익을 낼 수 있게 된다.

물론 생각보다 많은 투자금이 들어가야 해서 쉽게 결정을 내리진 못했다. 항상 여유 있는 자가 이기는 것이기 때문에 바로 매수하기보다는 일단 시간을 두고 여러 전략을 고민했다. 6억 5천만 원을 주고 매입하면 많은 투자금이 묶이기 때문에, 우리 토지를 2배 주고 산다면 팔 의

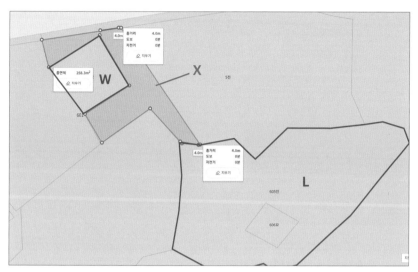

A 토지주가 분할해 팔겠다고 한 'ㅋ' 모양의 땅 X. 그리고 추가 매입을 타진한 땅 W

향이 있다고 공인중개사에게 역제안을 했다. 아니면 A 토지주의 땅에서 폭 4m 도로 부분(약 50평)만 매입하겠다고 제안했다.

공인중개사는 A 토지주와 협의해 평당 200만 원에 폭 4m 도로 부분 토지를 분할해서 파는 쪽으로 가닥을 잡았다. 그런데 문제가 있었다. 나는 토지 오른쪽 부분에 길을 내기를 바랐는데, A 토지주는 오른쪽이 아닌 왼쪽을 분할하겠다고 하는 것이다. 그곳이 아니면 팔지 않겠다고 못을 박았다.

그림을 보면 왼쪽 부분(X)은 땅이 'ㅋ' 모양이고, 평수도 생각했던 것보다 30평씩이나 더 매입해야 했다. 30평이면 금액으로 치면 6천만

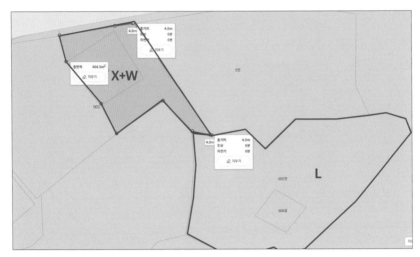

X와 W를 매입해 합필하면 네모반듯한 좋은 땅이 된다.

원에 달하는 큰돈이 아닌가?

　그래서 재빨리 머리를 굴리기 시작했다. 위기를 기회로 바꿀 수 있는 아이디어를 짜냈다. 지적도를 보니 네모반듯한 묘지 부분이 보였다. 현황은 묘지가 없지만, 지목은 묘지로 되어 있는 곳이다. 평수는 46평이었다. 그래서 공인중개사에게 해당 묘지 부분(W)을 같이 사올 수 있다면 왼쪽 부분(X)을 매입하겠다고 연락했다. 묘지가 있는 46평 땅은 2천만~3천만 원 정도에서 협의하자고 이야기했다. W가 없으면 못생긴 'ㅋ' 모양 땅일 테지만, W를 합하면 도로에 붙은 네모반듯한 토지로 변모할 터였다.

　계획대로 진행하기 위해서는 묘지의 지목을 '전'으로 바꿔야 했고,

분할을 통해서 합필을 해야 하는 절차를 거쳐야 했다. 토지대장을 열람하니 소유자가 연세가 많고 주소지도 옛날 주소라서 찾기가 힘들 것 같았다. 그런데 얼마 뒤 천만다행으로 묘지주를 찾았다는 연락이 왔다. 그쪽에서 제시한 금액은 3,300만 원이었는데 더 낮추지 않고 그 금액에 매수했다. 바로 은행 두 곳을 찾아가 합필 계획에 대해 공유하고 재감정 및 대출이 얼마나 가능한지 의뢰했다.

기존의 맹지를 포함해서 제2금융권 A은행에서 3억 원 대출이 가능하다는 답변이 왔다. 그리고 최근에 거래를 튼 제2금융권 B은행에서 4억 3천만 원 대출이 가능하다는 답변을 받았다. B은행에서 감정평가를 여러 곳에 의뢰했는데, 그중 두 곳에서 각각 8억 7천만 원(평당 200만 원), 7억 3천만 원(평당 170만 원)의 감정을 받았다. 감정평가사도 그렇고 B은행의 담당자들도 단기간에 맹지에서 탈출해 막대한 시세차익을 얻게 되니 너무 놀랍다고 했다.

제일 높은 감정가인 8억 7천만 원의 60%인 5억 2천만 원 대출이 가능했지만, 너무 큰 갭으로 대출을 받으면 해당 은행도 차후 감사에서 지적을 당할 수 있어 두 번째로 높은 감정가(7억 3천만 원)의 60%인 4억 3천만 원 대출이 가능했다. 다만 법인 대출이기 때문에 4억 3천만 원에 대해서는 증빙이 필요했다.

좀 더 세세히 이야기하자면, 4억 3천만 원 중 2억 6천만 원은 앞 도로 부분(X)과 묘지 있는 땅(W)을 취득하는 매수 비용과 기존 맹지(L)의 대출금(5천만 원)을 상환하는 비용으로 쓰고, 3천만 원은 운영비로 썼다. 즉 맹지 L의 초기 투자금으로 4천만 원이 들어갔지만 곧바로 대부분 회수한 것이다. 남은 1억 4천만 원의 대출금은 시설자금으로 향후 받을 예정이다(이미 대출 승인은 끝이 났다). 다만 시설자금이기 때문에 증빙이 바로바로 되어야 한다.

남은 시설자금을 활용할 방법은 크게 2가지다. 하나는 해당 토지에 건물을 짓는 것이고(예를 들면 공유숙박업이 가능한 감성적인 단독주택), 또 하나는 직원 숙소용으로 투자할 수 있는 다른 곳을 찾는 것이다. 사실 얼마 전에 감정가 29억 원짜리 빌라 건물이 법적인 문제로 3억 원 후반까지 유찰되었는데, 시설자금을 활용해 4억 원 정도에 리치멤버스 회원 2명과 공동투자를 목적으로 입찰했다가 패찰한 바 있다. 만일 해당 물건을 낙찰받았다면 법적인 문제가 해결될 경우 시세차익만 최소 10억 원 이상이었을 것이다.

정리하면 투자한 지 5개월밖에 안 된 시점에서 투자금을 거의 다 회수했음은 물론이고, 추가로 1억 4천만 원(시설자금 대출)의 플피가 발생했다. 내년 초까지 투자가 가능한 직원 숙소용 건물을 찾지 못하면 1안대로 멋진 단독주택을 지을 예정이다. 결과적으로 내 돈을 거의 들이지 않고 집까지 지을 수 있는 것이다.

사실 취득한 토지만으로도 이득이다. 벌써 큰 대로변에 붙은 90평 토지(X+W)의 경우 평당 200만 원에 매각할 시 1억 8천만 원을 얻을 수 있다. 302평 맹지(L)의 경우 도로 부분인 44평(X의 일부분)과 합칠 경우 346평이 되기 때문에 평당 150만 원에 매각하면 5억 1,900만 원이 된다. 'X+W'와 L만 팔아도 6억 9,900만 원이므로, 기대되는 시세차익은 약 4억 원 정도다. 내 돈 없이 4억 원의 시세차익을 거머쥐게 된 것이다.

이런 맹지에
투자하라 ②

삼달리 맹지

얼마 전 〈웰컴투 삼달리〉라는 드라마가 방영했다. 제주도 출신인 나에게도 '삼달리'라는 지역은 다소 생소했다. 드라마에 나온 삼달리의 풍경은 참 아늑하고 좋았다. 그러다가 우연히 경매 물건 중에 삼달리 토지가 나온 것을 확인했다. 맹지였지만 1회차 때부터 관심을 갖고 바로 관심물건으로 등록했다.

삼달리 맹지 입찰 정보

삼달리 맹지에 관심을 가진 이유는 무엇일까? 우선 위치를 보니 바닷가 쪽은 아니고 마을 근처에 위치해 있었다. 작은 동네이긴 하지만 곳곳에 아기자기한 카페가 있었다. 지적도를 보니 도로에 붙지 않은 맹지였지만 토지 모양이 네모반듯해서 좋아 보였다. 주변의 토지를 확인하니 삼달리 맹지에 관심을 가질 만한 토지주는 크게 3명이었다.

우선 1번 토지주의 경우 소유한 토지와 삼달리 맹지를 합필하면 모양은 좀 이상해져도 시세차익을 기대할 수 있었다. 2~3번 토지주의 경우 보유한 토지 모양이 이상했는데, 삼달리 맹지와 합필하면 예쁜 모양으로 탈바꿈이 가능했다. 도로 붙은 토지의 경우 시세가 평당 80만

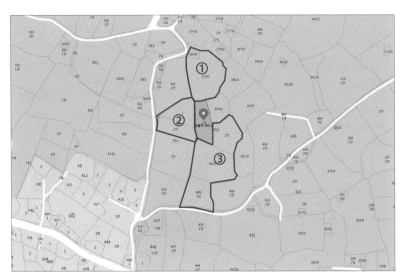

삼달리 맹지 지적도

원 정도였기에, 맹지를 11만 원 정도에 낙찰받고 1~3번 토지주에게 평당 20만~30만 원 정도에 판매할 계획을 세웠다. 매수하는 사람 입장에서도 땅을 합필해 시세차익을 낼 수 있으니 서로 윈윈할 수 있는 거래였다.

　참고로 해당 토지는 한 차례 유찰되어 평당 11만 원까지 떨어졌는데, 이 글을 쓰는 현재 다행히 한 번 더 유찰이 되었다. 이 물건 역시 수강생 3명에게 공동투자를 제안했고, 농협 측에서도 5천만 원까지 대출이 된다고 했다. 현재 3,860만 원까지 떨어졌는데 만약 4천만 원(평당 8만 원)에 낙찰받는다면, 낙찰금액의 80%인 3,200만 원까지 대출이 가능했다. 따라서 등기 비용을 포함해 1천만 원의 자금만 있으면 해당 토지를 매수할 수 있다.

묘지 있는 맹지

이번에 소개할 사례는 부동산 경기가 최악이던 시절에 단독입찰한 토지다. 해수욕장과도 근거리이고, 초등학교도 바로 앞에 있고, 마을과도 가까운 맹지여서 괜찮아 보였다. 다만 2가지 단점이 있었다. 우선 도로와 떨어진 맹지였고, 그다음으로 토지 안에 묘지가 있었다.

묘지 문제를 확인하기 위해서는 묘지를 관리하는 후손을 찾는 게 제일 중요한데, 묘지 부분에 대해 토지대장을 살펴보니 '사정(査定)'이라고 표시되어 있었다. 사정이란 일제강점기 때 해당 토지를 불하받았다는 뜻으로, 후손이 없어서 관리가 제대로 되지 않는 경우가 많아 투자 시 주의가 필요했다.

해당 묘지의 토지대장을 열람해보니 최근에 소유권 이전이 된 것을 확인했고, 토지 등기부등본까지 있는 것으로 보아 관리가 되고 있는 묘지로 보였다(묘지는 토지 등기부등본이 없는 경우도 많다).

해당 토지의 감정가는 평당 약 40만 원 정도였는데 2번 유찰되어 평당 약 20만 원까지 내려갔다. 해당 맹지 바로 앞에 도로 붙은 토지의

제주지방법원 제주2계

소재지	제주	[도로명 검색]			
물건종류	전	사건접수		경매구분	형식적경매 공유물분할을위한경매
건물면적	0㎡	소유자	김0000000	감정가	232,000,000원
대지권	2000㎡ (605평)	채무자	김OO	최저가	(49%) 113,680,000원
매각물건	토지전부	채권자	김OO	입찰보증금	(10%) 11,368,000원

입찰 진행 내용

구분	입찰기일	최저매각가격	상태
1차	2022-10-18	232,000,000	유찰
2차	2022-11-22	162,400,000	유찰
3차	2022-12-27	113,680,000	낙찰

낙찰 132,710,000원 (57%)
(응찰 : 1명 / 낙찰자 : 조OO)
매각결정기일 : 2023.01.03 - 매각허가결정
대금지급기한 : 2023.02.10
대금납부 : 2023.02.08 / 배당기일 : 2023.03.09
배당종결 : 2023.03.09

종국결과	2023-03-09	0	배당

묘지 있는 맹지 입찰 정보

평당가는 200만 원 정도였다. 맹지지만 평당 20만 원대에 매수한다면 경쟁력이 있을 것이라 판단했다. 입찰 당일, 보통 제주법원은 사람들로 가득 차 있기 마련인데 그날따라 사람이 많이 없었다. 그래서 생각했던 가격보다 더 낮출까 고민했지만, 1천만 원을 아끼자고 아쉽게 떨어지면 후회할 것 같아서 계획대로 입찰가를 써서 냈다.

결과는 단독입찰이었다. 최저가보다 2천만 원은 더 썼지만 그래도 기분은 매우 좋았다. 참고로 맹지는 대출이 안 나온다고 많이 생각하는데, 해당 토지 근처 제2금융권에 문의해보니 낙찰가의 80% 대출이 가

묘지 있는 맹지 지적도

능했다. 물론 맹지라서 이율은 높았지만 레버리지를 이용하면 목돈이
묶이지 않고 투자가 가능했다.

　내가 이 토지에 입찰한 이유는 무엇일까? 지적도를 보면 붉은색이
낙찰받은 토지인데, 도로와 인접한 노란색 토지의 주인과 충분히 협의
가 가능해 보였다. 만약 해당 토지주와 협의 후 4m 도로를 내가 매수
한다면 최소 평당 100만 원 이상의 값어치가 있는 땅으로 바뀌게 되
는 것이다. 605평이니 맹지에서 탈출하는 것만으로 6억 원 이상의 토
지가 되는 셈이다. 만약 평당 150만 원이라고 가정하면 9억 원 이상의

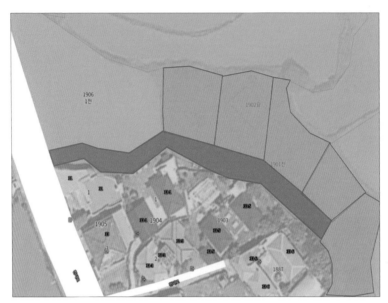
도로 부분(파란색)에 대한 협의가 잘 이뤄질 경우 맹지는 이렇게 탈바꿈이 가능하다.

토지가 된다.

　하지만 협의가 안 될 가능성도 있다. 항상 최악의 상황을 가정하고 엑시트 방법을 고민해야 한다. 협의에 실패할 경우 노란색 토지주와 파란색 토지주를 경쟁시켜 맹지를 매각하는 방법이 있다. 둘 다 2차선 도로와 접해 있어 합필하는 것만으로 큰 시세차익을 볼 터였다.

　내 땅을 매입할 경우 노란색 토지주는 시세차익만 평당 80만~130만 원, 즉 4억 8,400만 원에서 약 8억 원까지 이윤을 볼 수 있다. 파란색 토지주는 시세차익만 평당 60만~80만 원, 즉 3억 6,300만 원에서 약

5억 원까지 이윤이 생긴다.

만약 당초 계획대로 노란색 토지주와 도로 부분에 대해 협의가 잘 이뤄진다면 어떻게 될까? 일이 잘 풀린다면 예시 사진처럼 5개 정도로 건축 허가를 받고 분할이 가능하다. 소형 토지로 분할하면 제주도민뿐만 아니라 전국 단위로 수요가 생기고 평당가는 더욱 올라갈 것이다. 참고로 파란색 부분은 도로 부분이며 대략적으로 선을 그은 것이다. 정확한 도면은 토목설계사무소나 건축설계사무소에서 그려준다.

도로 부분에 대한 협의가 이뤄지면 실투자금은 마이너스가 된다. 왜 그런 걸까? 새로 감정을 받고 감정가의 60% 대출을 받으면, 기존 투자금을 다 회수하고도 오히려 여윳돈이 만들어질 공산이 컸다. 향후 건축 허가까지 받으면 평당가는 최소 150만 원에서 200만 원 정도까지 올라가므로 수익률은 더욱 높아질 것이다.

제6장

단타가 가능한
소액 토지

"투자할 때 가장 중요한 것은

당신이 무엇에 투자하느냐가 아니라,

언제 그리고 얼마에 투자하느냐다."

_하워드 막스

단타 가능한
물건들

단타 가능한 지분 토지

나는 지분 토지 투자는 지양하는 편이다. 특히 묘가 있는 지분 토지는 더욱이 투자를 하지 않는다. 하지만 지분 토지이고, 묘지가 있음에도 입찰했던 물건이 있다. 단점이 많은데 왜 입찰을 했을까?

지분 토지를 꺼리는 이유는 다른 공유자의 동의 없이는 개별적인 개발이 어렵기 때문이다. 지분을 소유한 다른 공유자와 복잡한 이해관계가 형성되므로 재산권 행사에 어려움이 따른다. 많은 사람이 이 사실을 간과하고 SNS, 유튜브, 강의 등에 속아 장기간 큰돈이 묶이는 곤혹스러운 일을 당한다. 나에게 상담을 신청하는 분 중에도 피해를 본 사람이 있어 마음이 아플 때가 많다.

물론 지분 토지 투자라고 해서 무조건 사기이고 돈이 묶이는 것은 아니다. 소액 토지 투자에 대한 원칙 2가지만 명심하면 충분히 단타가 가능하다.

> 1. 반드시 남에게 필요한 토지여야 한다.
> 2. 가격이 적정해야 한다.

여러 투자 원칙이 있겠지만 가장 중요한 것은 이 2가지다.

내가 눈여겨본 지분 토지는 경매에 나온 25평짜리 땅이었다. 해당 토지의 경우 전체 면적이 900평인데 그중 25평만 나온 것으로, 위성 사진을 보니 묘가 8기 이상 있었다. 길에 붙어 있지도 않아서 얼핏 보면 피하는 게 상책인 그런 물건이었다. 그렇게 2번 유찰되어 감정가는 655만 원에서 321만 원까지 내려갔다.

해당 토지의 토지대장을 열람해서 소유자가 몇 명인지 확인해보니 딱 2명이었다. 한 명은 경매 나온 매물의 소유자(A씨)고, 다른 한 명은 최대지분권자(B씨)로 해당 토지의 대부분을 갖고 있는 분이었다. 가족

지분 토지 입찰 정보

지분 토지 위성사진

묘가 있는 토지로 보였는데, 최대지분권자 B씨 입장에서는 경매 나온 25평 자투리땅 때문에 해당 토지 전체가 경매로 넘어가면 골치가 아플 터였다. 그래서 내가 저 땅을 낙찰받으면 아마도 B씨가 부담스럽지 않은 금액 선(1천만 원 이하)에서 협의 매수할 가능성이 크다고 판단했다.

380만 원으로 입찰을 해서 낙찰을 받으면 최소 2배 이상은 곧바로 수익이 날 것이라 판단했다. 하지만 제3자인 C씨가 426만 원에 낙찰을 받아갔고, 3개월 뒤 A씨에게 바로 매도했음을 확인했다. 매매금액은 낙찰가와 같은 금액인 426만 원으로 기재되어 있었다. 과연 낙찰자가 본인이 낙찰받은 금액으로 3개월 만에 팔았을까? 의문은 남는다.

단타 가능한 소액 도로

제주에 지목이 '도로'인 토지 34평이 경매로 나왔다. 도로의 경우 투자를 지양하는 편인데, 해당 물건은 1회차 때부터 관심 있게 보았다. 잘만 하면 좋은 성과를 거둘 수 있는 매물이었기 때문이다. 위성사진을 보면 지목은 도로지만, 현황은 도로 부분이 아닌 비닐하우스에 걸쳐져 있음을 알 수 있다(정확한 것은 측량을 해봐야 안다).

바로 지적도를 확인해보니 비닐하우스 부분이 맹지처럼 보였다. 만약 내 예상대로 비닐하우스가 도로에 붙어 있지 않은 맹지라면, 경매로

소액 도로 위성사진

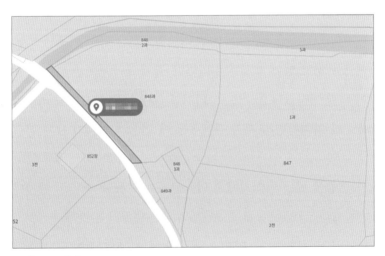

소액 도로 지적도

순위번호	등 기 목 적	접 수	등 기 원 인	권리자 및 기타사항
	정동기말소	▓▓▓▓	강제경매로 인한 매각	
6	▓▓▓▓ 제외한 공유자전원지분전부 이전	▓▓▓▓	2023년11월3일 강제경매로 인한 매각	공유자 지분 2분의 1 ▓▓▓▓▓▓▓▓▓▓▓
7	공유자전원지분전부 이전	▓▓▓▓	2023년11월21일 매매	소유자 ▓▓▓ ▓▓▓▓▓ 거래가액 금2,000,000원

[토지] 제주특별자치도 ▓▓▓▓ ▓▓▓▓ ▓▓▓▓

【 을 　 구 】 （ 소유권 이외의 권리에 관한 사항 ）

기록사항 없음

-- 이 하 여 백 --

관할등기소　제주지방법원 등기과

도로 토지의 등기 정보

나온 도로는 '대박 토지'로 탈바꿈할 수 있는 가능성을 지닌 것이다.

주변 토지의 소유자를 확인한 결과, 비닐하우스 소유주는 주변 다른 땅도 함께 소유하고 있어 맹지는 아니었다. 살짝 좌절했지만 그래도 유찰이 많이 되길 기다렸다. 맹지는 아니지만 경매 나온 도로까지 비닐하우스 소유주가 가져가면 토지가 길게 도로와 연접해 가치가 크게 상승할 것으로 보였다.

이 토지는 밑에 있는 여직원에게 입찰하라고 권했고, 입찰은 했지만 아쉽게 패찰했다. 정말 아깝게 몇 천 원 차이로 패찰하고 만다.

등기를 보니 낙찰받은 소유자가 11월 3일에 잔금을 납부했고, 그 뒤에 비닐하우스 소유자가 해당 도로를 매수해서 3주 뒤인 11월 21일에 소유권을 이전한다. 거래금액은 200만 원으로 낙찰가인 252만 원보다 낮은 값이다. 과연 낙찰자가 3주 만에 손해를 보고 200만 원에 팔았을까?

단타 가능한 소액 농지

어느 날 물건 검색을 하던 중에 유찰이 많이 된 토지를 발견한다. 필지 전체(101평)의 감정가는 약 5,100만 원이었는데 계속 유찰되면서 1,070만 원 정도까지 내려간다. 그래서 위성사진을 확인했다.

전원주택 단지인 곳인데, 주변에 토지 분양이 잘 이뤄지지 않았는지 집이 몇 채 지어지지 않았다. 그리고 경매 나온 토지 뒤에 집이 한 채 지어진 것을 확인했다.

경매 나온 토지의 모양을 보면 폭이 좁고 길어서 겉으로 보면 쓸모없는 토지처럼 보일 수 있다. 하지만 지적도를 보니 경매 나온 토지 뒤에 있는 주택이 글쎄 맹지에 지어진 것이 아닌가? 집의 소유자는 강남에 거주하고 있고 2014년에 맹지를 평당 1만 4천 원에 매입해 집을 지은 것으로 확인되었다. 주변 실거래가 내역을 보니 평당 40만~50만 원이었기 때문에 맹지란 이유로 정말 저렴하게 매입한 것으로 보인다.

맹지이다 보니 경매 나온 토지의 소유자에게 '토지사용승낙'을 받아

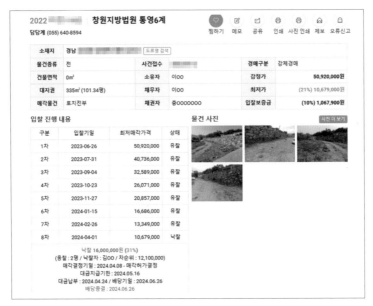

소재지	경남 [ ]	도로명 검색			
물건종류	전	사건접수		경매구분	강제경매
건물면적	0m²	소유자	이○○	감정가	50,920,000원
대지권	335m² (101.34평)	채무자	이○○	최저가	(21%) 10,679,000원
매각물건	토지전부	채권자	중0000000	입찰보증금	(10%) 1,067,900원

입찰 진행 내용

물건 사진

구분	입찰기일	최저매각가격	상태
1차	2023-06-26	50,920,000	유찰
2차	2023-07-31	40,736,000	유찰
3차	2023-09-04	32,589,000	유찰
4차	2023-10-23	26,071,000	유찰
5차	2023-11-27	20,857,000	유찰
6차	2024-01-15	16,686,000	유찰
7차	2024-02-26	13,349,000	유찰
8차	2024-04-01	10,679,000	낙찰

낙찰 16,000,000원 (31%)
(응찰 : 2명 / 낙찰자 : 김○○ / 차순위 : 12,100,000)
매각결정기일 : 2024.04.08 - 매각허가결정
대금지급기한 : 2024.05.16
대금납부 : 2024.04.24 / 배당기일 : 2024.06.26
배당종결 : 2024.06.26

소액 농지 입찰 정보

소액 농지 위성사진

건축 허가를 받은 것으로 보였다. 그런데 이번에 토지사용승낙을 받은 그 토지가 경매로 나온 것이다. 주택 소유자 입장에서는 해당 토지가 반드시 필요해 보였다.

1,200만 원에 입찰했지만 아쉽게 패찰하고 만다. 단독입찰일 줄 알았는데 경쟁이 있었던 것이다. 유찰된 금액 1,335만 원보다 높은 금액인 1,600만 원에 낙찰을 받아갔다. 낙찰자의 이름을 확인하니 역시나 맹지에 집을 지은 그 사람이었다.

만약 내가 낙찰을 받았다면 곧바로 2배의 차익은 가능했을 텐데 아쉬움이 컸다. 맹지 소유자는 2배를 주더라도 맹지에서 탈출해 토지의 가치를 높이고 싶었을 것이다. 이처럼 누군가에게 반드시 필요한 토지는 환금성이 매우매우 높다.

단타 가능한 소액 건물

물건 검색을 하던 중에 특이한 물건을 발견했다. 제주도의 창고 건물인데 토지는 제외되고 '건물'만 나온 것이다. 과거 제주도는 감귤밭마다 저장창고를 만들었는데 그 창고가 경매로 나온 것이다. 이때는 반드시 법정지상권 성립이 되는지, 안 되는지 파악해야 한다. 법정지상권 여부에 따라 건물이 철거될 수도 있고 그렇지 않을 수도 있다.

해당 물건은 법정지상권이 성립되지 않아 철거 대상이 될 수 있는 건물이었다. 그런데 내가 관심을 가진 이유는 무엇일까? 철거 대상이라 하더라도 토지주가 해당 건물을 철거하기 위해서는 복잡한 건물철거 소송을 진행해야 한다. 이에 따른 비용이 발생할 것이고, 승소해도 철거에 또 추가 비용을 지출해야 한다.

감정가 940만 원짜리 건물은 200만 원대까지 유찰되었다. 만일 200만 원대에 입찰해서 토지주에게 부담 없는 금액에 팔면 충분히 이윤이 남을 것 같았다. 나중에 해당 건물은 다른 사람이 낙찰을 받았는데, 건축물대장을 열람해보니 토지주와 동일인이었다.

비록 철거 대상인 건물일지라도 이처럼 누군가에게 꼭 필요하고 부담 없는 금액이라면 단타가 가능하다.

환금성 좋은
토지의 요건

땅에 건물이 있는 경우

경남 고성의 작은 토지가 경매로 나왔다. 26평의 감정가는 1,600만 원이었다. 그런데 토지 위에 있는 작은 창고 건물이 매각 대상에서 제외되고 토지만 나온 상태였다. 이런 경우 물건상 하자가 있기 때문에 주의가 필요하다. 감정가 1,600만 원에서 네 차례 유찰되어 가격이 크게 내려갔다. 유찰로 인해 가성비가 좋아지자 관심을 갖게 되었다.

2022 ████	**창원지방법원 통영7계**		♡ 찜하기	☑ 메모 · 공유 · 인쇄 · 사진 인쇄 · 제보 · 오류신고	

담당계 (055) 640-8512

소재지	경남 ███				
물건종류	전	사건접수	███	경매구분	강제경매
건물면적	0m²	소유자	최OO	감정가	16,155,640원
대지권	87m² (26.32평)	채무자	최OO	최저가	(41%) 6,618,000원
매각물건	토지전부	채권자	서OOOOO	입찰보증금	(10%) 661,800원

입찰 진행 내용

구분	입찰기일	최저매각가격	상태
1차	2023-10-16	16,155,640	유찰
2차	2023-11-20	12,925,000	유찰
3차	2024-01-08	10,340,000	유찰
4차	2024-02-19	8,272,000	유찰
5차	2024-03-25	6,618,000	낙찰

낙찰 7,519,560원 (47%)
(응찰 : 3명 / 낙찰자 : 김OO)
매각결정기일 : 2024.04.01 - 매각허가결정
대금지급기한 : 2024.05.09
대금납부 : 2024.05.31 / 배당기일 : 2024.07.10

차순위허가일	2024-05-20	-	허가

물건 사진 [사진 더 보기]

건물은 제외하고 토지만 나온 물건의 입찰 정보

살펴보니 해당 토지는 교회 안에 있는 작은 부지였다. 교회가 해당 창고를 사용하고 있는 것으로 보였다. 지역사회에서 활동하는 종교 단체인 만큼 조그마한 토지와 창고 때문에 문제를 일으키기보다는 부담 없는 금액 선에서 협의할 것으로 보였다. 유찰로 인해 금액이 1천만 원 미만이고, 최저가가 660만 원이니 감정가에 팔아도 최소 2배 이상의 수익은 챙길 수 있다.

만약 교회에서 해당 토지를 매수하지 않는다면 어떻게 해야 할까? 로드뷰를 보면 담장이 있는 것이 보이는데, 해당 교회에서 경매 토지

건물은 제외하고 토지만 나온 물건의 로드뷰

매수에 실패하면 담장 경계선을 다시 측량해야 했다. 즉 담장을 새롭게 설치해야 하는 것이다.

출입문 역시 대로변에서 출입하는 정문과 해당 토지가 있는 후문으로 나뉘는데, 경매 나온 토지를 매입하지 못하면 교회 입장에서는 후문을 철거해야 했다. 여러모로 비용이 많이 발생하기 때문에 부담 없는 선에서 가격을 제시하면 서로 윈윈이 가능해 보였다.

하지만 입찰을 해보니 3명이나 경쟁이 붙었고 다른 사람에게 해당 물건을 뺏기게 된다. 살펴보니 교회 바로 앞 철물점 주인이 해당 토지를 낙찰받았다. 아마 교회 신도이지 않을까 추측이 된다.

지목이 도로인 경우

도로 투자는 재산세가 나오지 않는 장점은 있지만, 대출이 나오지 않아 레버리지를 이용하지 못하는 치명적인 단점이 있다. 낙찰가의 100%를 현금으로 납부해야 한다. 또 환금성이 없어 사는 순간 '을'이 될 가능성이 크다. 즉 내 투자 원칙에 부합하지 않는 투자 대상인 것이다.

하지만 투자자라면 편견이 없어야 한다. 도로가 위험한 것은 맞지만 단 하나의 예외의 경우가 있다. 바로 '누군가가 반드시 필요로 하는 도로'인 경우 좋은 투자 대상일 수 있다. 누군가가 필요로 하는 토지는 환금성이 좋고 수익이 좋기 때문에 싸게 사서 싸게 팔아 서로 윈윈할 수 있다.

서울 동작구 상도동 도로가 경매로 나왔다. 해당 물건은 1회차부터 관심을 갖고 지켜봤는데, 도로 약 7평의 감정가는 7,360만 원(평당 1,050만 원)이었다. 해당 물건에 관심을 둔 이유는 바로 옆에 재개발 공사가 진행되어 상도푸르지오클라베뉴가 입주를 앞두고 있었기 때문이다. 주변 재개발 구역도 탄력을 받을 가능성이 컸다.

서울의 경우 90m² 이상 토지를 소유해야 재개발 시 입주권이 나오는데, 경매 나온 물건은 23m²밖에 되지 않아 입주권을 받기는 어려웠다. 그렇다면 오래 기다려서 현금 청산을 받아야 하는데, 도로의 경우 현금 청산을 받으면 감정가 자체가 일반 대지에 비해서 턱없이 낮은 수

경매 나온 도로의 입찰 정보

준인 1/3 정도에 불과하다. 2014년 대법원 판례에 의해 주변 토지 시세에 준한 감정평가가 필요하다는 판결이 나오기는 했지만, 긴긴 기간 기다리고 또 기다려서 어느 세월에 보상을 받는단 말인가?

그런데 해당 토지는 일반 도로와는 조금 달랐다. 위성사진을 보면 현황도로가 아닌 주택에 바로 붙어 있는 것을 확인할 수 있다. 즉 지목은 도로지만, 현황은 차가 다니는 도로에 포함되어 있지 않은 것이다. 자세하게 확인하기 위해 지적도를 보니 역시 현황도로가 아닌 주택 부지에 포함되어 이용되고 있었다.

이 경우 주택 부지 소유자와 협상해 해당 도로를 매수하게 되면 더

경매 나온 도로의 위성사진

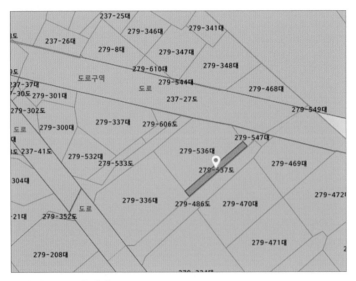

경매 나온 도로의 지적도

이상 도로는 도로가 아닌 대지가 된다. 주택 부지 소유자 입장에서도 재개발 시 감정평가에 큰 도움이 될 수 있다. 예를 들어 주택 부지의 시세가 평당 2천만 원이고, 내가 도로를 평당 500만 원에 낙찰받아 평당 1천만 원에 매각한다면 어떨까? 주택 부지 소유자는 도로를 주택 부지와 합병해 평당 1천만 원의 차익을 얻을 수 있다. 경매 나온 도로의 평수가 7평 정도이니 7천만 원의 이익을 볼 수 있다.

주변 땅의 시세가 평당 3천만 원 정도이니, 도로를 낙찰받아 평당 1천만 원에 매각한다면 서로 윈윈할 수 있는 좋은 거래가 된다. 하지만 나는 입찰에 참여하지 않았다. 왜냐하면 투자금이 5천만 원 이상 들어가는데 기대수익이 잘해야 5천만 원 정도이기 때문이다. 최소 1억 원 이상은 되어야 수지타산이 맞았다.

또 다른 사례를 살펴보자. 이번 사례는 제3자의 투자 사례임을 밝힌다. 제주도에 도로가 경매로 나왔다. 어떤 분이 단독입찰로 낙찰받았는데, 왜 도로를 낙찰받았을까? 감정평가서의 현황사진을 보면 알 수 있는데 해당 토지는 차가 다니는 도로가 아닌 모텔의 주차장 부지로 쓰이고 있었다. 그래서 해당 토지의 낙찰자는 측량을 먼저 신청하고, 해당 모텔 소유자에게 자기 토지를 무단으로 사용 및 점유하고 있는 데 대해 지료청구 소송을 진행한다. 이 과정에서 모텔 소유자가 낙찰액의 몇 배를 주고 매수했다고 한다.

모텔 소유자는 왜 해당 도로를 매수했을까? 2가지 이유가 있는데 첫

제주도 도로의 입찰 정보

제주도 도로의 현황사진

째는 주차장으로 계속 사용하기 위함이고, 둘째는 해당 도로를 모텔 부지와 합병하기 위함이다. 나중에 모텔 부지 토지대장을 확인해보니 경매에 나온 도로 부지와 합병시켰음을 확인했다. 이렇게 되면 해당 도로의 번지수는 없어지고 모텔 부지인 대지에 포함되어 도로가 아닌 대지로 탈바꿈한다.

이처럼 환금성이 좋은 저렴한 토지를 찾아서 투자하면 빠른 시일 안에 종잣돈을 불릴 수 있다.

주변 토지주에게 꼭 필요한 경우

제주에서 시행업을 하면서 제일 비싼 동네에 사무실이 있었는데 주차와 비싼 임대료 문제로 '한적한 곳으로 옮기면 어떨까?' 하는 생각을 종종 했다. 조용한 동네에서 카페와 같은 사무실을 차리고 싶다는 생각에 물건을 검색하던 중 애월에 200평 미만의 작은 토지가 경매로 나왔음을 확인했다. 땅 위에 18평 돌창고가 있었는데, 해당 창고는 매각에서 제외되고 토지만 나온 것이다. 이럴 때는 해당 돌창고가 법정지상권이 성립되는지 안 되는지가 중요하다. 살펴보니 해당 물건은 법정지상권이 성립되지 않았다.

큰 도로변에서 좁은 이면도로로 좀 들어가야 하지만 그만큼 조용했

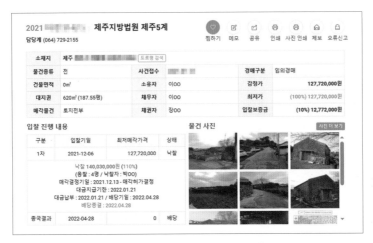

애월 토지의 입찰 정보

애월 토지 18평 돌창고 로드뷰

고, 무엇보다 돌창고가 참 마음에 들었다. 돌창고 내부를 보니 리모델링만 하면 되는 좋은 상태였고, 주변에 잡초가 무성했지만 감귤나무와 조경수를 심어서 예쁘게 만들면 좋겠다는 행복한 상상을 했다.

내가 입찰한 이유는 또 있는데, 바로 뒤에 있는 토지가 도로와 애매하게 붙어 있어 토지 모양이 예쁘지 않았기 때문이다. 만일 해당 토지 주가 경매로 나온 토지를 사서 병합하면 토지의 모양이 훨씬 예뻐질 것이고 가격도 상승할 터였다.

해당 토지를 입찰했지만 아쉽게 떨어지고 말았다. 패찰한 사례지만 여기서 교훈은 2가지 이상의 엑시트 방안이 있어야 마음의 여유가 생기고, 훗날 좋은 수익을 낼 수 있는 가능성이 높아진다는 점이다. 엑시트 방안을 입찰 전에 꼭 검토하고 낙찰받는 순간 이익이 나는 투자를 했으면 좋겠다.

감정평가서의
사진을 믿지 마라

현황이 중요하다: 첫 번째 사례

작년에 리치멤버스 카페 조장님에게 추천했던 물건이다. 내가 해당 토지를 추천한 이유는 무엇일까? 우선 경매 나온 토지는 포항에 있는 56평짜리 지목이 대지인 토지다. 비록 평수가 작기는 하지만 용도지역이 제2종일반주거지역에 포함되어 건폐율이 60%이고, 33평을 지을 수 있는 좋은 땅이었다.

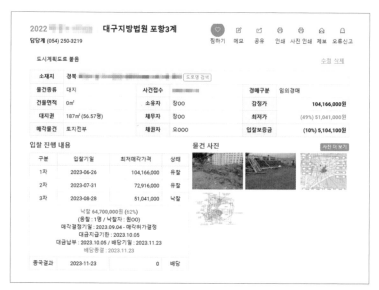

포항 토지의 입찰 정보

포항 토지의 감정평가서 현황사진

물건의 위성사진을 보니 길에 붙어 있지 않은 맹지처럼 보였다. 감정평가서의 현황사진도 맹지인 게 확실해 보였다. 맹지에다가 평수도 작은 별로인 토지처럼 보이지만 감정평가서의 현황사진 중 한 장의 사진이 눈에 띄었다. 공사가 진행 중인 사진이었다. 이 사진을 보고 '도로 공사가 진행 중에 있구나!'라는 생각이 들어 곧바로 토지이음 사이트에서 지적도를 확인했다.

지적도에 도시계획시설 도로가 예정되어 있는지 확인했다. 역시나 지적도에 도시계획시설 도로를 뜻하는 붉은 선이 그어져 있음을 확인했다. 근처에 사는 리치멤버스 조장님께 현장에 빨리 가보라고 말했고 이미 도로 공사가 끝난 상황이었다. 도로 공사를 하면 상하수도관까지 공사가 되기 때문에 향후 건축 시 추가 비용이 들지 않는다. 다른 사람들은 아직 이 사실을 모를 것이라 생각했고, 두 차례 유찰이 될 때까지 기다렸다.

2번 유찰이 되어 입찰을 진행했는데, 그날 법원이 너무 한산해서 생각했던 금액보다 낮게 입찰했고 단독으로 낙찰을 받았다. 평당 115만 원에 낙찰을 받는데 주변 실거래가를 조회해보니 평당 200만 원 정도는 충분히 받을 터였다. 56평인데 평당 80만 원의 차익을 냈으니 약 4,500만 원의 시세차익을 얻은 것이다. 낙찰가의 80% 정도를 대출하면 실투자금은 2천만 원 미만이므로, 실투자금 대비 200%가 넘는 수익을 얻게 된 것이다.

이후 예정대로 도로가 난 포항 토지의 사진

이처럼 감정평가서에 나와 있는 사진만 믿지 말고 현황 조사를 일찍 하면 좋다. 왜냐하면 감정평가서에 나와 있는 사진은 감정평가사가 경매가 신청된 직후에 촬영한 것이기 때문에 이번 사례처럼 현황은 다를 수 있다.

현황이 중요하다: 두 번째 사례

이 물건 역시 내가 리치멤버스를 운영하면서 추천했던 사례다. 해당 토지는 125평의 지목이 전인 농지였다. 감정가 1억 3,500만 원에서 유찰되어 9,500만 원까지 내려간 상황이었다. 처음 이 물건을 발견하

비 내릴 때 찍은 제주 토지의 현황사진

제주 토지의 위성사진. 색칠한 윗부분(약 28평)을 옆집 소유자에게 분할해 팔 계획을 세웠다.

경매 나온 토지 주변에 있는 포구의 사진

고 감정평가서의 현황사진을 확인했는데 느낌이 별로 안 좋았다. 비 내릴 때 찍은 사진이고, 주변에 공장 같은 건물이 보여서 더욱 안 좋아 보였다.

위성사진으로 간략하게 측량을 해보니 윗부분의 약 28평 정도를 따로 떼어 옆집 소유자에게 분할해서 팔면 좋겠다는 생각이 들었다. 그렇게 일부 엑시트하면 남은 약 100평의 토지가 더욱 네모반듯해지니 차후에 팔기 좋을 것이란 생각이 들었다.

그리고 지도를 확인해보니 바닷가가 바로 옆에 있었다. 근처에 작은 포구도 있었다. 제주도 방방곳곳을 거의 다 돌아다녔는데 저곳은 한 번도 가본 적이 없어 바로 임장을 갔다. 직접 가서 보니 정말 깜짝 놀랐다. 임장의 중요성을 다시금 깨닫게 되었다. 해당 토지 바로 앞에 넓은 주차장이 있어 주차 문제도 전혀 없었고, 옛날 제주도식 목욕탕이 있어 여름에는 한라산에서 내려오는 용천수 물을 무제한으로 사용할 수 있었다. 제일 마음을 홀린 부분은 바로 앞에 위치한 작은 포구다.

포구는 정말 조용하고 아름다웠다. 포구 옆길로 산책코스가 있어 정말 좋았다. 눈이 높은 아내도 경매 나온 토지가 너무 탐난다고 말할 정도였다. 이미 수강생에게 추천해준 물건이기에 탐이 나도 입찰을 할 수는 없었다. 이후 수강생은 해당 토지를 평당 80만 원에 낙찰을 받는다.

주변에 나와 있는 땅의 시세를 확인해보니 평당 130만~150만 원 정도였다. 해당 토지는 평수가 100평대이고, 포구 바로 앞에 있는 희소성 때문에 최소 평당 130만 원 이상은 가능해 보였다. 그렇게 되면 차익은 평당 50만 원이고, 126평이니 약 6천만 원을 벌 수 있을 터였다. 해당 토지의 경우 80% 대출이 가능해 실투자금은 2,500만 원 정도이므로 2,500만 원 투자로 최소 6천만 원 이상의 수익을 만든 셈이다.

알박기 토지에
투자하라

환금성 좋은 알박기 토지

2021년에 아는 지인에게서 전화가 왔다.

"함덕 쪽에 토지가 있는데, 어떤 분이 내 토지 옆에 1차로 아파트를 거의 다 지었고, 그옆에 또 2차 부지로 아파트를 지을 생각인가 봐. 내 땅이 반드시 필요하다네? 내 땅이 입구 쪽이라던데 네가 한

번 가서 잘 지었는지, 믿을 만한 분인지 봐주겠어?"

"네, 알겠습니다."

당시 제주도는 정말로 땅 구하기 전쟁이었다. 아파트를 지을 수 있는 땅이 별로 없어서 경쟁이 치열했다. 지인의 토지는 아파트를 지을 수 있는 제2종일반주거지역에 포함되어 있어 직원과 함께 바로 현장으로 달려갔다.

현장에 가보니 마무리 공사 중이었다. 아파트 내부에 들어갔는데, 구조를 너무 못 뺐다는 생각이 들었다. 그리고 아무리 불장이라지만 분양가가 평수 대비 비싸게 느껴졌다. 분양이 쉽게 되지 않을 것이라 판단하고 지인에게 전화했다.

"지금 와서 봤는데 분양은 쉽지 않을 것 같아요."

"아, 그래?"

"네, 형님 토지가 입구 쪽이면 반드시 필요할 테니 좋은 가격을 제시하면 파는 게 좋아 보입니다."

그렇게 이 일을 잊고 지내다가 나중에 역시나 미분양이 되었다는 소식을 듣는다.

2022년 금리가 폭등하기 시작하면서 부동산 불경기가 찾아왔다. 아

경매로 나온 알박기 토지. 주황색 부분이 시행사의 2차 부지다.

파트를 짓던 시행사에서는 2차 부지를 사서 신탁사에게 위탁을 했는데, 지인의 토지는 위탁 후에 매수한 것이라 그런지 신탁사에게 소유권이 넘어가지는 않았다.

나중에 보니 해당 토지만 경매가 진행되었다. 1회차에서 그 토지를 보자마자 '이 토지는 알박기 토지인데?'라는 생각이 먼저 들었다.

그런데 이상한 부분이 있었다. 2차 부지로 확보한 부분을 보니 왼쪽 끝(A)이 도로와 접해 있어서 '왜 굳이 지인의 땅이 필요했을까?' 하는 생각이 들었다. A 부분을 진입로로 쓰면 일이 쉽게 풀리기 때문이다.

그래서 지인에게 다시 전화를 걸었고 얽힌 이야기를 들을 수 있었다. 도로와 접한 왼쪽 부분에 노부부가 사는 무허가 주택이 있는데, 자녀들이 부모님께서 돌아가시기 전에는 해당 집을 철거할 수 없다며 완강하게 버틴 것이다. 물론 법대로 강제집행을 해도 되겠지만 시간이 많이 소요될 수 있고 공사 시 민원이 많이 발생할 것을 염려해서 해당 집을 건드리지 않은 것이다.

그러다 보니 지인의 토지가 반드시 필요했다. 더불어 인허가 진행 중에 심의 때 후문이 필요할 수도 있어 해당 토지가 반드시 필요했다. 이 토지는 내가 입찰하려다가 리치멤버스 회원 한 분께 추천했다. 리치멤버스에서 가장 큰 시세차익 기록을 보유한 분인데, 앞으로도 나와 같이 할 일이 많기에 추천을 드렸다. 입찰 당일에 최저가로 입찰한다고 하길래 속으로 떨어질 것 같다고 생각했다. 그런데 내 예상과는 다르게 단독입찰로 평당 200만 원에 낙찰을 받았다.

실거래가를 검색해보니 바로 근처 토지가 평당 300만 원대부터 600만 원대까지 거래된 바 있고, 경매 나온 토지 바로 옆 130평 토지의 경우 평당 423만 원에 매물이 나왔다. 시행사의 2차 부지의 경우 평당 299만 원이었다. 지금이야 부동산 경기가 좋지 않기 때문에 해당 토지를 매수할 사람이 나타나지 않겠지만, 나중에 경기가 좋아지면 2차 부지를 매수할 사람이 나올 것이고, 이때 심의에 통과하려면 해당 알박기 토지가 반드시 필요할 것이다. 알박기 토지는 토지주가 부르는 게 값이다.

물론 언제 경기가 반등할지 모르니 다른 엑시트 방법도 필요했다. 해당 토지가 소형 평수이고 네모반듯해서 일반 매매로 제3자에게 시세대로 평당 400만~450만 원 정도에 파는 것도 한 방법이다. 이 경우 2배의 차익을 얻고 매각하는 것이다.

낙찰을 받은 회원은 낙찰가의 80%를 대출했고, 취득세 포함 약 2,800만 원을 투입했다. 2,800만 원 투자해서 2년 뒤 평당 400만 원에 매각한다면 1억 원 이상의 차익을 얻게 된다. 투자금 2,800만 원역시 6개월 뒤에 대환대출을 받으면 모두 회수할 수 있다.

참고로 비하인드 스토리를 알려주자면, 해당 토지 위에는 전소유자의 컨테이너가 있었다. 컨테이너 문제도 있고, 더불어 신규 법인으로 낙찰을 받아서 은행 측에서 대출이 어렵다고 했다. 그래서 잔금 납부하루 전에 해당 컨테이너를 치우려고 했는데, 갑자기 옆 아파트에서 전소유자가 나타나서 고래고래 소리를 질렀다. 잔금 납부 전이므로 아직까지는 전소유자의 땅이기 때문이다. 잔금 납부 전에 함부로 치울 수없기 때문에 잔금 납부 후에 다시 치우기로 했다.

제주에서 거래를 자주 하다 보니 친하게 지내는 제2금융권 몇 곳이 있었다. 그중 한 곳에 재빨리 연락해 대출을 문의하니, 다행히 해당 은행의 전무님께서 컨테이너를 나중에 치우는 조건으로 대출을 해준다고 했다. 덕분에 낙찰자는 무사히 대출에 성공한다.

맹지 투자로
6개월 만에 5천 벌기

　중문관광단지 옆 대포마을에 있는 토지가 경매로 나왔다. 이곳은 경매로 잘 나오지 않는 지역 중 한 곳인데 자세히 보니 보통 물건이 아니었다. 길에 붙어 있지 않은 맹지이고, 그것도 지분이 경매로 나온 것이다. 무허가 주택까지 덤으로 지어져 있어 신중해야 했다.

　맹지 800평 중에 197평이 지분으로 나온 것인데, 기존 토지주에게 상속을 받은 자녀들이 일부 지분을 경매로 내놓은 것이었다. 비록 맹지지만 가격이 마음에 들었다. 감정가 기준 평당 130만 원에서 2번 유찰

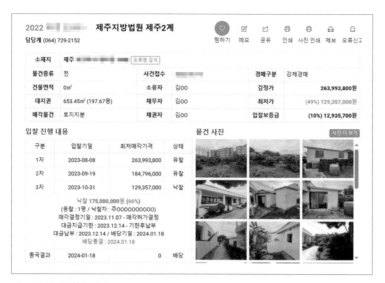

구분	입찰기일	최저매각가격	상태
1차	2023-08-08	263,993,800	유찰
2차	2023-09-19	184,796,000	유찰
3차	2023-10-31	129,357,000	낙찰

낙찰 175,000,000원 (66%)
(응찰 : 1명 / 낙찰자 : 주0000000000)
매각결정기일 : 2023.11.07 - 매각허가결정
대금지급기한 : 2023.12.14 - 기한후납부
대금납부 : 2023.12.14 / 배당기일 : 2024.01.18
배당종결 : 2024.01.18

| 종국결과 | 2024-01-18 | 0 | 배당 |

대포동 토지 입찰 정보

이 되어 평당 66만 원까지 내려간 상태였다.

공유자 우선매수신고가 될 수도 있기에 일부로 최저가보다 좀 더 높게 썼다. 그렇게 된다면 집행관이 공유자 우선매수신고할 사람을 호명할 때 살짝 높은 가격에 순간 망설일 수 있다. 예상은 적중했고, 현장에 있던 공유자가 왜 이렇게 높게 낙찰을 받았느냐고 물어봤다.

내가 해당 토지를 낙찰받은 이유는 무엇일까? 우선 맹지지만 위치와 평당 가격이 너무 마음에 들었다. 지적도를 보니 차후에 지분을 경매로 낙찰받은 뒤에 전체 필지를 대상으로 공유물분할소송을 걸고, 완전한 토지 1필지를 경매로 다시 낙찰을 받고(물론 다른 명의로), 도로와 붙은 토지 중 1필지를 사오면 맹지 탈출이 가능해 보였다. 말로 설명하니 과정이 복잡해 보이지만, 지적도를 보니 맹지를 탈출할 수 있는 도로 붙은 토지가 6필지 정도 있었다. 이 중 1필지만 사오면 되는 것이다.

맹지를 낙찰받은 이유

네이버페이 부동산 매물을 확인해보니 해당 토지 바로 앞 토지의 경우 평당 450만 원에 달했다. 만약 내 계획대로 800평 1필지 전체를 경매로 저렴하게 평당 80만 원에 사오고, 도로 붙은 토지 중 1필지만 매수한다면 차액은 최소 평당 300만 원 이상이 될 것이다. 800평의 맹지가 더 이상 맹지가 아닌 도로 붙은 토지가 되니 시세차익은 24억 원 이상이다.

큰 수익이 예상되었기 때문에 리치멤버스 실전투자반 회원들과 처음이자 마지막으로 41명이서 공동투자를 진행했다. 참고로 필자는 공동투자 경험이 거의 없는데, 이번 기회에 많은 분에게 노하우를 알려주고 싶어서 공동으로 입찰을 진행했다. 하지만 실제로 이렇게 많은 인원과 공동투자를 해보니 심적으로 부담이 너무 컸다. 예전에는 혼자서 알아서 움직이면 되었지만, 이제는 공유물분할소송부터 지분권자들의 동의를 얻어야 했고 진행상황을 중간중간 보고해야 했다.

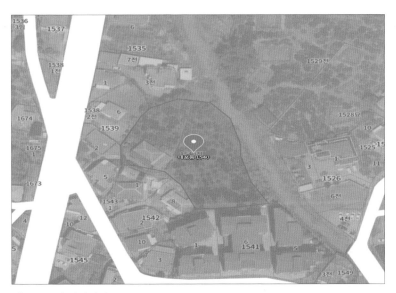

대포동 토지 위성사진

　이후 중간에 여러 가지 일이 있어 처음에 예상한 엑시트 방법이 아닌 다른 공유자에게 해당 지분을 매매하기로 결심했다. 또 다른 공유자의 지분이 이후에 경매로 나왔는데, 높게 입찰할 이유가 없어 최저가로 입찰했다. 그러나 해당 토지 위에 무허가 주택에서 살고 있던 공유자가 경매로 나온 다른 지분들을 공유자 우선매수로 모두 취득했다. 해당 공유자가 우리가 낙찰한 지분을 제외하고 거의 99%를 갖게 된 상황이었다. 더 늦기 전에 해당 공유자에게 연락해서 만나게 되었다.

"안녕하세요, 사장님! 다름이 아니라 토지대장을 확인해보니 사장님께서 저희 지분 빼고 거의 대부분의 지분을 확보하고 계시더라고요."

"네, 근데요?"

"저희가 이제 공유물분할소송을 통해서 1필지 전체를 경매로 넘길 생각입니다. 조만간 소장을 받으실 겁니다."

"아니, 그렇게 하지 말고 그쪽에서 원하는 부분이 있을 거 아닙니까? 그 위치를 분할하도록 협조할 테니까 소송하지 마세요."

"저희는 분할할 생각이 없고 토지 1필지 전체를 원합니다. 맹지이고 무허가 주택이 있으니 대출도 힘들고 그러면 입찰할 사람이 많이 없지 않겠어요? 유찰이 많이 될 테고 저희는 엄청 저렴한 금액에 1필지 전체를 낙찰받을 수 있겠죠."

"그럼 어떻게 하는 게 좋겠습니까?"

"저희가 원래 경매 투자자라서 이런 일 많이 겪습니다. 그런데 사장님과 다투기도 싫고 그냥 저희가 매입한 금액에서 5천만 원만 더 주시고 매수하세요. 그러면 제가 공동투자한 분들을 설득해볼게요."

"네, 아들하고 상의해볼게요."

"네, 연락 기다릴게요."

이렇게 1차 미팅이 끝났고, 얼마 뒤에 아드님과 통화하게 되었다.

"아버지한테 이야기를 들었는데요. 공유물분할소송 해보세요. 아마 안 될 듯한데 알아서 하세요."

"네, 그럼 소장 바로 접수하겠습니다."

"그러세요. 전화 끊습니다."

곧바로 소장을 법원에 제출했고, 얼마 뒤에 다시 아들한테서 전화가 왔다.

"소장 접수된 것 확인했고요. 사실 저희도 지금 사장님 지분을 사고 싶어도 돈이 없어요. 이번에 다른 지분을 사오느라 현금을 다 써서 이제 정말 돈이 없습니다."

"그래요? 맹지지만 위치가 좋으니 제가 대출 알선해드릴게요. 괜찮은 은행을 알고 있습니다. 원하시면 아마 2억 3천만 원 이상은 충분히 나올 겁니다."

"정말요? 그러면 감사하겠습니다."

그렇게 해서 주변의 제2금융권에서 맹지 대출을 알아보니 2가지 문제가 있었다. 첫째는 무허가 주택이라서 양성화를 해야 했다. 400만

~500만 원만 주면 건축설계사가 도면을 그려서 양성화를 시킬 수 있으니 그리 어렵지 않은 문제였다. 두 번째가 문제였는데, 5평을 갖고 있는 다른 지분권자가 있었다. 이분이 얼마 전에 돌아가셨는데 자녀가 없고 친가족이 아닌 이복형제만 존재했다. 이복형제가 지분을 상속 받기에는 절차가 까다롭고 시간이 걸릴 듯했다.

결과적으로 대출은 어려운 상황이었다. 그래서 아드님에게 다시 전화를 걸어 마지막으로 협의를 시도했다.

"사장님, 2억 3천만 원에 빨리 파는 조건으로 제가 다른 공동투자자를 설득한 건데요. 만약에 시간이 오래 걸린다고 하면 절대 그 금액으로는 팔 수 없을 듯합니다."

"네? 그럼 어떻게 해야 될까요?"

"제가 대출까지도 알아봐드렸는데, 사장님네 가족의 사유로 대출을 받을 수 없는 상태이니 그 부분은 돈을 빌려서 마련하셔야 할 듯합니다. 다음주까지만 답변 주시면 감사하겠습니다."

"네, 알겠습니다."

"다음 주까지 기한을 드릴게요."

그다음 주에 전화가 왔고 다행히 돈을 마련했다고 했다. 바로 매도 확정을 지었다.

세전 5천만 원 정도의 차익이 났지만 공동투자자가 많아서 각자 받은 수익금은 세전 110만 원에 불과했다. 신경도 많이 쓰이고 수익도 별로 남지 않아서 다음부터는 많은 인원과 함께 하는 공동투자는 진행하지 않기로 했다.

해수욕장 주변
급매물 사례

2023년 7월 초, 이때 나는 가족들과 제주도 한림읍 협재해수욕장 근처에서 '1년 살기'를 하고 있었다. 이전에는 공개적으로 활동하기보다는 개인적으로 부동산 투자 및 개발업을 했는데, 2023년 초부터는 내 경험을 많은 사람에게 공유해야겠다는 생각에 리치멤버스를 운영했다. 그중 한 회원이 같이 제주도에 살고 있었는데, 좋은 급매물을 잘 찾던 분이었다.

어느 날 그분이 내가 살고 있는 한림읍 협재해수욕장 근처에 괜찮은

해수욕장 급매물 토지 사진

급매물이 나왔다며 나에게 알려줬다. 95평 토지로 원래는 1억 2천만 원(평당 126만 원)인데 잘 팔리지 않다가 2023년 7월에 7천만 원(평당 74만 원)으로 가격을 확 낮춘 것이다. 알고 보니 해당 토지의 소유자는 젊은 여성인데 금리가 급격히 오르자 이자 감당이 어려워 급하게 땅을 내놓은 것이었다. 참고로 해당 토지의 대출이 7천만 원이어서 그 금액까지 낮춘 것이라고 한다.

위성사진으로 위치를 파악하니 협재해수욕장까지 차량이 아닌 도보로 6~7분 거리다. 위치도 마음에 들고, 평수도 마음에 들고, 가격도 마음에 들었다. 그렇지만 해당 토지는 2가지 문제가 있었다. 첫 번째는 도로가 현황도로와 지적도상 도로가 상이해서 허가 문제가 있고, 두 번째는 토지가 도로보다 약 2m 정도 꺼져 있고 관리가 되지 않은 상태란 점이다. 물건을 소개해준 회원은 투자할 생각이 없다고 해서 내가 30분 만에 검토를 끝내고 계약금을 입금했다.

해당 공인중개사에게 전화를 해보니 하루 만에 많은 전화가 왔지만, 아직까지 계약금을 입금한 사람은 없다고 했다. 그래서 바로 계약금을 넣었다(급매는 경매와 달리 먼저 계약금을 입금한 사람이 임자다).

단타를 위한 투자 원칙

내가 해당 토지를 계약한 이유는 내 투자 원칙에 부합했기 때문이다. 내 투자 원칙은 원금 보존, 투자한 순간 이익이 나는 것, 높은 원금 회수율, 높은 환금성이다. 투자 원칙을 견지하고 있기에 실패 확률이 낮은 것이다.

급매물 토지 바로 건너편에 2차선 도로와 붙은 토지가 1년 전에 평당 255만 원에 거래되었고, 내가 계약한 토지보다 위치가 안 좋은 곳도 평당 150만 원에 나왔음을 확인했다. 내가 평당 74만 원에 매수했기 때문에 원금을 보존할 뿐만 아니라, 투자한 즉시 시세차익이 생긴 셈이다. 즉 첫 번째 원칙(원금 보존)과 두 번째 원칙(투자한 순간 이익이 나는

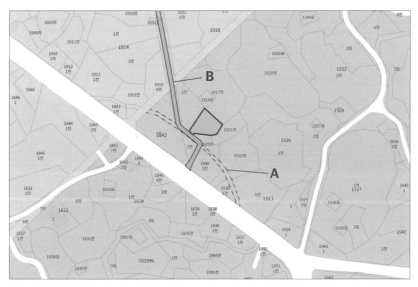

해수욕장 급매물 토지 지적도. A는 지적도상 도로이고, B는 현황도로다.

것)에 부합했다.

또 보통은 은행 여러 곳에 탁상감정을 맡기는데, 해당 토지는 워낙 저렴하게 샀기 때문에 주변 한 곳의 은행에 탁상감정을 맡겼다. 탁상감정 결과, 1억 원이 나왔고 이 중 70%인 7천만 원 대출이 가능하다는 답변을 받았다. 매매금액이 7천만 원이니 내 돈이 한 푼도 안 들어갈 수 있었지만, 매매가를 인지한 은행 측에서 우선 매매가의 70%(5천만 원)만 대출이 가능하고 6개월~1년 뒤에 재감정을 통해 최소 7천만 원 이상 대출이 가능하다고 말했다. 그렇게 되면 이자는 납부해야 하지만 내 투자금을 모두 회수하고 협재해수욕장 근처 소형 토지를 가질 수 있다. 세 번째 원칙(높은 원금 회수율)을 충족한 것이다.

네 번째 원칙(높은 환금성)은 굳이 설명하지 않아도 이 글을 읽는 독자들이 더 잘 알 것이다. 협재해수욕장은 여름뿐만 아니라 사계절 모두 많은 사람이 방문하는 곳이다. 거기다가 100평 미만의 소형 토지는 환금성이 너무 좋다.

그럼 해당 토지가 지닌 2가지 문제에 대해 이야기해보겠다. 첫 번째로 해당 토지는 지적도상 도로(A)와 현황도로(B)가 상이했다. 제주도는 원칙적으로는 지적도상 도로와 현황도로가 일치해야만 건축 허가가 나온다. 제주도가 아닌 지역은 지적도상 도로가 없고 현황도로만 있는 경우(30년 이상 이용한 현황도로)에도 건축 허가가 나올 수도 있으니 관공서에 꼭 확인해보기 바란다. 해당 토지의 경우 지적도상 도로 기준으로 허가를 받기 위해 관공서와 협의해야 했고, 지적도상 도로를 시멘트 도로로 포장하는 조건으로 건축 허가를 받을 수 있을 것이라 생각했다.

이 부분은 토지 계약을 하기 전에 해당 읍사무소 건축과에 전화를 걸어 확인을 했다.

"건축과죠? 협재리 ○○번지 건축 허가 가능할까요?"

"거기요? 현황도로와 지적도상 도로가 달라서 허가 안 나올 듯 해요. 도로폭도 2~3m밖에 안되어 보이는데요."

"도로과와 협의해서 도로 부분을 지적도상 도로 기준으로 포장하면 어떤가요? 그리고 도로폭은 4m가 원칙이지만, 2m 이상이면 제주도 업무지침과 '제주특별자치도 주차장 설치 및 관리 조례' 별표6에 나와 있는 것처럼 '읍면 지역'은 단독주택은 50m²(15평), 상가는 150m²(45평)를 지을 수 있는 것 아닌가요?"

"아, 네. 그렇네요. 그렇게 가능하세요!"

그리고 두 번째 문제는 관리가 되어 있지 않고 도로보다 약 2m 꺼져 있는 것이다. 토지가 푹 꺼져 있으니 성토가 필요했다. 원래라면 토목공사 업체나 굴착기 기사에게 문의해서 성토를 해야 하는데, 95평의 약 2m 정도를 성토하기 위해서는 15톤 트럭이 최소 60대는 필요해 보였다. 한 번 오가는 데 10만원 씩만 계산해도 최소 600만 원이다. 여기에 굴착기 비용은 별도이니 예산만 1천만 원 정도는 잡아야 했다. 그 비용이 아깝다는 생각이 들었다.

그때부터 눈에 불을 켜고 주변 공사 현장을 찾았다. 그러던 중 근처 현장에서 굴착기와 덤프트럭까지 소유한 한 할아버지를 알게 되었는데, 토지를 다듬는 과정에서 돌과 흙이 많이 나와 부산물을 산처럼 쌓아 놓고 계셨다.

"사장님, 제가 이 근처에 2m 정도 푹 꺼진 땅이 있는데요. 사장님께서 갖고 계신 돌과 흙을 제 토지에 옮기면 어떨까요?"

"현장부터 가봅시다."

현장을 확인한 후 할아버지가 다음과 같이 말했다.

"아, 이거 생각보다 흙과 돌이 많이 들겠는데요? 예전에 성토해 본 경험이 있나요?"

"네, 몇 번 있습니다."

"그럼 15톤 트럭이 몇 대나 들어갈 것 같아요?"

"최소 40대 이상은 들어가지 않을까요?"

"내가 봤을 때 40대보다 훨씬 더 들어갈 것 같아요. 어쨌든 지금 제가 가진 흙과 돌로는 부족하네요. 제가 갖고 있는 다른 땅에도 흙과 돌이 많은데 그걸 이용하면 어떨까요?"

"아, 정말요? 감사합니다. 그럼 비용은 어떻게 될까요?"

"트럭 1대당 35만 원 주세요."

"네? 그럼 1천만~2천만 원은 족히 들어가는 거잖아요."

나는 곧바로 전화번호를 삭제했다.

그런데 등잔 밑이 어둡다고 내가 살고 있는 집 바로 앞에 갑자기 도로 확장 공사 및 기반시설 공사가 시작되는 것이 아니겠는가? 공사를 시작할 때 굴착기 기사에게 문의하니 다른 곳에 이미 성토하기로 예정되어 있어서 물량을 줄 수 없다고 거절을 당했다. 보통 이런 현장은 주변 주민에게 민원을 넣지 않는 대가로 성토를 해주는데, 내가 살고 있는 집 바로 앞에서 이뤄지는 공사였으므로 이 경우 제1민원인은 나였다. 내가 살고 있는 타운하우스 동네 주민들과 민원을 넣으면 현장이 멈출 수도 있는 것이다. 그래서 이번에는 현장 소장님을 찾아갔다.

"안녕하세요, 소장님! 저는 여기 바로 앞에 살고 있는 주민입니다. 지금 여름철이라 문을 활짝 열어놓고 있는데 도로 공사 때문에 먼지가 너무 날려서 고충이 이만저만이 아닙니다."

"아이고, 정말 죄송합니다. 최대한 빨리 공사를 진행하도록 하겠습니다."

"그래도 여름은 다 지나야 끝날 것 아닌가요? 공사 기간이 몇 개월인가요?"

"1년 정도입니다."

"네? 1년이요? 하, 근데 소장님. 근처에 제가 95평 토지를 갖고 있는데 토지가 2m 정도 꺼져 있어서요. 그곳에 여기 현장에서 나오는 돌과 흙을 성토해줄 수 있을까요? 그럼 저도 민원을 넣지 않고 약간의 사례도 하겠습니다."

"아, 그럼 지금 같이 가보시죠."

현장을 둘러본 후 소장은 말했다.

"여기는 평수가 작으니 충분히 성토가 가능하겠네요. 대신에 한 번에 다는 어렵고 조금씩 성토하겠습니다. 괜찮으시죠?"

"네, 그럼요! 사례는 어느 정도로 하면 될까요?"

"저는 괜찮고요. 어쨌든 여기에 흙과 돌을 날라야 하니 덤프트럭 기사와 굴착기 기사에게 따로 부탁을 해야 해서요. 그 비용으로 350만 원 정도만 주시면 됩니다."

"네, 알겠습니다!"

이렇게 해서 문제점을 해결할 수 있었다.

하지만 나는 여기서 더 나아가 뒤에 있는 다른 맹지로 눈을 돌렸다.

내 토지 바로 뒤에 있는 큰 토지(A)를 사오면 향후 큰 시너지를 낼 수 있다. 하지만 도로에 붙어 있는 B의 소유자가 A도 소유하고 있어 A는 맹지가 아니었다. 그래서 오른쪽에 있는 97평 맹지 C에 주목했다. 해당 토지의 등기부등본을 열람해보니 80대 할머니께서 상속을 받아 오랫동안 소유한 토지였다. 밑져야 본전이라는 심정으로 등기부등본에 나와 있는 주소로 우편을 보냈다.

며칠 뒤, 모르는 전화번호로 전화가 와서 받게 되었다. 전화를 하신 분은 맹지 C의 소유자였다.

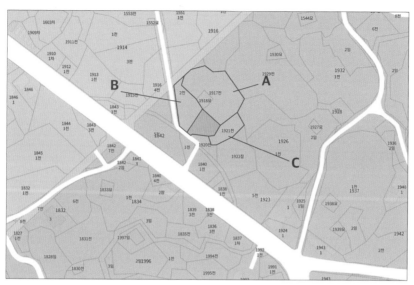

해수욕장 급매물 토지 지적도. A, B가 한 사람 소유여서 C로 눈을 돌렸다.

"여보세요? 저는 ○○번지 소유자입니다."

"네, 안녕하세요!"

"사실 제가 그 땅을 상속받고 신경을 안 쓰고 산 지 너무 오래되었어요."

"그러시군요. 제가 이번에 도로 붙은 옆 토지를 평당 74만 원에 주고 샀는데요. 뒤에 선생님 땅이 있어서 이렇게 우편을 보내게 되었습니다."

"네, 그랬군요. 근데 평당 75만 원이면 정말 싸게 사셨네요. 그쪽 주변이 이렇게 싸지 않을 텐데요. (중략) 그럼 제 땅을 얼마를 주고 사실 생각이세요?"

"선생님께서 먼저 제안해주실 수 있을까요?"

"아뇨, 저는 굳이 팔 생각이 없어서요."

"네, 맹지는 보통 시세의 1/3 가격에서 거래가 됩니다. 평당 30만 원에 매수하고 싶습니다."

"평당 30만 원이요? 그 가격에는 팔지 못하고요."

"저도 여유가 많은 편은 아니라서요. 그럼 35만 원까지는 가능합니다."

"우선 알겠습니다. 이틀 정도 생각해보고 연락드릴게요."

그리고 정확히 이틀 뒤에 연락이 왔다. 본인은 돈이 급하지 않고, 자식들도 만류했다고 한다. 그러면서 본인 가정사나 이런저런 이야기로 1시간 정도 통화를 하게 되었는데, 팔지도 않으실 것 같으신데 그만 끊어야 하나 싶었다. 그런데 마지막에 이런 말씀을 하셨다.

"가격을 좀 더 올려주면 팔겠습니다. 평당 40만 원 정도면 좋을 듯합니다."

다만 추가 조건이 붙었다. 자기가 지정한 부산에 있는 어떤 법무사를 이용해서 계약할 것, 그리고 상속을 받아 매도한 것이니 양도세가 어

성토가 마무리된 해수욕장 급매물 토지 사진

느 정도 발생하는데 이 부분은 매수자가 부담하는 조건이다. 결국 평당 44만 원 정도에 맹지 97평을 매수하게 된다.

정리하면 95평 급매물을 7천만 원에 매수했고, 한 달 뒤 맹지 97평을 4,300만 원에 매수했다. 취등록세까지 합쳐서 1억 1,900만 원 정도 들었는데, 처음에 5천만 원 대출을 받았지만 맹지를 매수하면서 대출이 1억 3천만 원까지 가능해졌다. 하지만 1억 3천만 원을 다 받을 필요가 없어서 1억 원 정도만 대출을 받고 내 투자금은 1,900만 원이 들었다.

수개월 후 95평 토지에 성토가 마무리되자, 나는 다시 현장 소장님께 부탁을 드려 뒤에 있는 97평 맹지도 성토를 부탁드렸다. 다행히 해당 맹지는 별로 꺼지지 않아서 추가로 300만 원 정도만 소요되었다.

그리고 따로 굴착기 기사와 계약을 해서 750만 원을 주고 담벼락을 세웠다. 성토와 담벼락으로 들어간 비용은 1,400만 원이고 토지 투자금은 1,900만 원이니 총 3,300만 원의 투자금이 들어갔다.

더 이상 하자 있는 토지가 아닌 정상적인 토지가 되었다. 이제는 평당 150만 원에서 200만 원도 가능했다.

비하인드 스토리를 말하자면, 현장 소장님께서 성토할 때 '개발행위허가'를 받았는지 계속 여쭤보셨다. 성토나 절토를 할 때는 개발행위허가를 받아야 하는데 이는 지자체마다 조례가 다르다. 제주도의 경우 2m 이상 성토 및 절토를 할 경우에만 개발행위허가를 받아야 한다. 해당 토지는 약 1.9m 성토를 했기 때문에 개발행위허가 없이도 성토가 가능했다. 평택시의 경우 이 기준이 1m인데, 조금씩 기준이 다르기 때문에 꼭 해당 지자체 도시계획조례를 확인해봐야 한다.

만약 조례를 어기고 성토 및 절토를 하게 되면 향후 불법형질변경으로 인한 이행강제금 및 원상복구 조치명령이 떨어질 수 있어 유의할 필요가 있다.

엑시트는
길어야 2년이다

엑시트는 짧아야 한다

　부동산 카페나 경매학원 등을 보면 회원들과 지분 투자하는 모습을 흔히 볼 수 있다. 지분 투자가 나쁜 것은 아니다. 다만 엑시트가 엄청 오래 걸린다는 단점이 있을 뿐이다. 지분 투자의 경우 대출이 나오지 않기 때문에 전액 현금으로 납부해야 한다. 현금이 투입되는 투자는 되도록 단타나 길어도 2년 안에 엑시트를 해야 한다. 이번에 소개하는 물

지분 투자 물건 입찰 정보

건도 단타가 가능해 보여서 추천했던 물건이다.

　제주도 토지이고 100평 중 50평만 1/2 지분으로 나온 물건이다. 위성사진을 확인해보니 바다와 가깝고 지목이 전이지만 농지취득자격증명원이 필요 없는 제1종일반주거지역에 속해 있었다. 제1종일반주거지역의 건폐율은 60%이므로 땅의 가치가 좋아 보였다.

　등기부 현황을 보니 근저당권자와 경매 신청자가 A씨로 같은 사람이었다. 토지대장을 확인해보니 나머지 1/2의 소유자 역시 A씨였다. 즉 다른 지분권자이면서 근저당권까지 설정을 한 것이고, 그로 인해 임의경매까지 신청한 것이다. 해당 토지는 공유자 우선매수할 가능성이 높

등기부 현황(토지)	채권액 합계 1,416,892,545	열람일자 2024.04.12			유의사항
접수번호	등기목적	권리자	채권금액	기타등기사항	소멸여부
2017.07.06	소유이전		320,000,000		
2017.07.19	근저당권	A씨	132,000,000	말소기준권리 농협은행의 근저이전	소멸
2019.05.23	근저당권		50,000,000		소멸
2022.11.11	가압류		317,050,000		소멸
2022.11.23	가압류		800,000,000		소멸
2023.09.01	임의경매	A씨	청구금액 117,842,545		소멸

지분 투자 물건 등기부 현황

아 보였다. 그럼에도 입찰을 했고 5,500만 원(평당 110만 원)에 최고가 매수인이 되었지만 아니나 다를까 A씨가 공유자 우선매수신고를 해버렸다.

만약에 공유자 우선매수신고를 하지 않았다면 엑시트는 어떻게 했을까? 첫 번째로 다른 지분권자인 A씨와 협의했을 것이고, 두 번째로는 공유물분할소송을 진행해서 1필지 전체를 경매로 넘기는 방식이 가능했다. 경매를 진행한다면 100평밖에 되지 않는 소형 평수인데 제1종 일반주거지역이고, 거기다가 바다 근처에 위치해서 인기가 높았을 것이다.

주변 시세를 보니 옆에 있던 토지가 작년에 평당 210만 원에 실거래되었음을 확인했다. 또 바로 근처에 있는 토지가 평당 330만 원에 나

낙찰받은 지분 토지 물건 지적도. 일반 매매로 내놓거나, B 토지주에게 매도할 계획을 세웠다.

와 있었다. 평당 200만 원만 잡고 계산해도 50평의 가치가 1억 원인 셈이다. 낙찰가가 평당 200만 원 정도라면 약 4천만 원의 차익을 얻을 수 있다.

만약에 유찰되어 최저가가 평당 200만 원 이하로 떨어지면 1필지 전체가 경매로 나온 것이기에 다른 사람 이름으로 저렴하게 낙찰을 받고, 대출을 받아 잔금 납부를 할 계획이었다. 여기서 또 엑시트 방안이 2가지가 존재한다. 첫 번째는 일반 매매로 내놓는 것이다. 이제는 아무런 하자가 없는 완벽한 1필지 토지이기 때문에 평당 250만 원 이상은 가능했다. 두 번째는 옆 토지주와 협의해 매각하는 것이다. 특히 B 토지주가 해당 토지를 매수해 합필한다면 땅 모양이 훨씬 예뻐지고 가치가 커질 터였다.

　지분 투자는 이길 확률이 높을 때만 시도해야 한다. 팁을 하나 주자면 1년 이상~2년 미만 매각 시 양도소득세가 44% 나오게 된다. 지분을 낙찰받고 다른 지분권자와 공유물분할소송을 진행하면 6~8개월 정도가 소요된다. 이후 확정판결이 나오고 공유물분할을 위한 경매 신청을 하기까지 또 6개월 이상 소요된다. 그렇게 되면 1년이 지나는데, 곧바로 경매 신청을 하고 매각을 하면 2년 미만이므로 양도소득세 44%를 납부해야 한다. 따라서 바로 확정판결을 받고 경매 신청을 하기보다는 약간의 여유를 두고 경매를 진행하는 것이 좋다.

　이때 제3자가 경매로 낙찰을 받고 그 낙찰자가 잔금 납부한 날짜가 중요하다. 내가 소유한 지 2년 이상이 지난 시점에서 낙찰자가 잔금을 납부하면 양도소득세가 기본세율로 바뀌기 때문에 세율이 많이 낮아진다.

● 종문 ●
절대 포기하지 마세요

　23세 때 처음으로 내 집 마련에 성공했고, 이후 다시 종잣돈을 모으기 위해 수백만 원 소액으로 토지 투자를 진행했다. 짧지 않은 세월, 토지 투자로 자산을 불렸지만 토지는 정말 알면 알수록 어려운 분야라고 생각한다. 다만 상가와 아파트보다 경쟁이 치열하지 않기 때문에 그만큼 큰 수익을 볼 수 있는 틈새시장이기도 하다.

　토지 투자라는 분야가 낯설고 어렵겠지만, 이 책에서 숙지한 방법으로 소액으로 경험을 쌓는다면 자신감이 생길 것이다. 훗날 그 자신감과 경험으로 더 큰 수익을 낼 수 있으리라 확신한다.

현재 더리치멤버스 카페에서 운영하는 실전투자반을 통해 많은 물건을 낙찰받은 상태다. 이에 대한 사례를 모아서 향후 후속작을 낼 예정이다. 실전투자반에 가입한 분들 대부분이 초보 투자자지만, 불과 수개월 사이 실력과 안목이 크게 높아졌고 직접 투자까지 하게 되었다. 낯선 영역에 대한 두려움이 희망으로 변해가는 모습을 보면서 나 또한 큰 보람을 느낀다.

돈을 날리면서 배운 것들, 시행착오를 통해 배운 것들을 공유하는 일이 나의 사명이라고 생각한다. 나를 믿고 따르는 후배들이 시행착오를 겪지 않고 편하게 투자할 수 있도록 안내자의 역할을 하는 것이 나에게 주어진 역할이다.

내가 아무리 길을 열심히 닦고 응원해도, 그 길을 직접 걸어야 할 여러분이 중간에 포기하면 아무것도 이뤄낼 수 없다. 그래서 항상 이렇게 말한다.

"절대 포기하지 마세요!"

여러분이 부자가 되는 그날까지 나 역시 포기하지 않겠다.

상가보다 쉽고 아파트보다 효과적인
소액 토지 투자지도

초판 1쇄 발행 2024년 12월 20일

지은이 | 안영태(투데이리치)
펴낸곳 | 원앤원북스
펴낸이 | 오운영
경영총괄 | 박종명
편집 | 이광민 김형욱 최윤정
디자인 | 윤지예 이영재
마케팅 | 문준영 이지은 박미애
디지털콘텐츠 | 안태정
등록번호 | 제2018-000146호(2018년 1월 23일)
주소 | 04091 서울시 마포구 토정로 222 한국출판콘텐츠센터 319호(신수동)
전화 | (02)719-7735   팩스 | (02)719-7736
이메일 | onobooks2018@naver.com   블로그 | blog.naver.com/onobooks2018

값 | 21,000원
ISBN 979-11-7043-599-0 03320